# ペラペラ®

## 일본어 수다 프리토킹 360

풍부하고 다양한 360가지 테마로 구성!!

**초중급**

타츠미 유사쿠 저

# まえがき

　フリートーキングという講座名を聞くと、一見ネイティブ講師であれば誰でも担当できそうだという印象を受けます。しかし、実際に担当してみると、実はこんなに難しい授業だったのかと痛感します。私だけでなく、同講座を担当されている多くの先生方も同じように感じられているようです。学生の実力の向上に役立っているように感じない、いつも似たような話題に偏ってしまってテーマ不足に陥っている、ただ学生の話し相手になっているだけのように感じる、など様々な声を聞き、同じ悩みを持たれている先生方が多くおられるのだと感じました。またフリートーキングを受講されている学習者の方々も、本当に日本語が上手くなっているのか、自分は正しい日本語を話せているのか、自分の日本語は実際の日常生活の場でも通用するのか、など様々な心配をされているようです。

　本書は学習者が日本語を使って楽しく話すことだけでなく、学習者の日本語会話の実力を高めることを目的として書かれています。様々なテーマで様々な単語や文型を用いて会話することを目指して書かれています。そのため、難解な話題、固有名詞を多く使わざるを得ない芸能人の話題や食べ物の話題、季節限定の話題、その他会話を展開させづらい話題は極力省かれています。さらに、学習者たちが受動的に返答するのではなく能動的に思考できるように、テーマを見て学習者が質問を展開させられる工夫も施されています。中上級レベルを担当される先生方の授業や中上級レベルを学習されている学習者の方々の実力向上に本書が役立てば幸いです。

## 머리말

　프리토킹이라는 강좌명을 들으면 네이티브 강사라면 누구라도 담당할 수 있을 것 같은 인상을 받습니다. 하지만, 실제로 담당해 보면 이렇게 어려운 수업이었나 하고 통감하게 됩니다. 저뿐만 아니라 같은 강좌를 담당한 많은 선생님도 그렇게 느끼고 있는 것 같습니다. 학생의 실력 향상에 도움이 되는 것 같지 않다, 항상 비슷한 화제로 치우쳐버려 테마가 부족해진다, 학생의 이야기 상대가 되어줄 뿐이라고 느낀다 등 다양한 의견을 듣고 같은 고민을 하는 선생님들이 많이 있다고 느꼈습니다. 또 프리토킹을 수강하고 있는 학습자들도 정말로 일본어 실력이 늘고 있는 것인지, 자신은 올바른 일본어를 사용하고 있는지, 자신의 일본어가 실제로 일상생활에서도 통용될지 등 여러 가지 걱정을 하는 것 같습니다.

　본 책은 학습자가 일본어를 사용하여 즐겁게 이야기할 뿐 아니라, 학습자의 일본어 회화 실력을 높일 목적으로 만들어졌습니다. 다양한 테마에서 여러 가지 단어와 문형을 사용하여 회화하기 위해 만들어졌습니다. 그래서 난해한 화제, 고유명사를 많이 쓸 수밖에 없는 연예인에 대한 화제와 음식에 대한 화제, 계절 한정 화제, 그 외에도 회화를 전개하기 어려운 화제는 최대한 생략하였습니다. 그리고 학습자들이 수동적으로 대답하는 것이 아니라 능동적으로 사고할 수 있도록 테마를 보고 학습자가 질문을 전개할 수 있도록 고안했습니다. 본 책이 중상급 레벨을 담당하는 선생님들의 수업이나 중상급 레벨을 학습하고 있는 학습자의 실력향상에 도움이 되었으면 합니다.

## 본 책을 사용하는 학습자 여러분께

프리토킹 수업 중에 자기 자신이 이야기할 기회를 늘리기 위해서 지켜주셔야 할 규칙이 있습니다.

**1** 이야기하는 학생을 본다.
아래를 보거나 교과서, 화이트보드를 보지 말고. 이야기하는 학생을 보고 적극적으로 질문이나 코멘트를 합시다.

**2** 한국어, 영어, 그림, 몸짓은 사용하지 맙시다.
일본어만으로 전달하는 연습입니다.

**3** 질문을 받으면 두 마디 이상 이야기합시다.
너무 짧으면 연습이 되지 않습니다.

**4** 스피치처럼 혼자 길게 이야기하지 맙시다.
회화이므로, 다른 학생들에게 질문이나 코멘트를 받읍시다.

**5** 큰 소리로 이야기합시다.
자신의 실수나 발음상의 문제점을 선생님이 들을 수 있도록 합시다.

**6** 회화 중에 사전이나 펜은 사용하지 않도록 합시다.
선생님이나 다른 학생이 모르는 단어를 사용하면 전후의 이야기 흐름에서 추측합시다.
말하고 싶은 단어가 있지만, 일본어로 모를 때에는 알고 있는 단어로 설명합시다.
문자를 보면서 회화하는 것은 매우 간단합니다. 쓰거나 읽지 말고 이야기합시다.

**7** 다른 학생이 틀려도 정정하지 말아 주세요.
학생끼리 틀린 것을 지적하면 정정해주는 학생이 틀릴 가능성도 있고, 트러블의 원인이 될 수 있으니 하지 맙시다.

**8** 질문 자체에 반론하지 맙시다.
예를 들면 '다시 태어난다면 남자가 되고 싶나요? 여자가 되고 싶나요?'라는 질문에 '저는 인간은 환생하지 않는다고 생각합니다.'라고 질문 자체에 반론해버리면 논쟁이 시작됩니다.
일본어 공부를 위해 회화한다는 것을 잊지 말고 질문에는 솔직하게 대답합시다.

긴 회화를 계속하기 위해서는,

아래의 말을 사용하지 않도록 주의해주세요.

1 「○○によってちがいます」
예 人によってちがいます。時によってちがいます。
대신에 「○○な人もいるし、○○な人もいます」라고 구체적으로 말합시다.

2 「関心がありません」
관심이 없어도 의견을 생각하여 이야기합시다. 다른 학생들이 질문이나 코멘트를 할 수 없게 되어, 결국 자신이 이야기할 기회도 적어집니다.

3 「考えたことがありません」
수업 중에 의견을 생각합시다.

4 「秘密です」
수업 중에는 사적인 이야기를 할 필요는 없습니다.
하지만, 회화를 이어가기 위해서는 거짓말이라도 좋으니 이야기해봅시다.

5 「ありません」
없으면 거짓말이라도 좋으니 이야기해봅시다.

6 「全部です」
전부라면 그중에서 골라서 구체적으로 이야기해주세요.

7 「以上です」
스스로 회화를 끝내지 말아 주세요. 다른 학생이 질문이나 코멘트를 하는 것을 기다립시다.

Free Talking

## 목차

まえがき _ 2

머리말 _ 3

본 책을 사용하는 학습자 여러분께 _ 4

Day 1 _ 8　　Day 2 _ 11　　Day 3 _ 14　　Day 4 _ 17　　Day 5 _ 20

어디가 틀린거지? _ 23

Day 6 _ 24　　Day 7 _ 27　　Day 8 _ 30　　Day 9 _ 33　　Day 10 _ 36

어디가 틀린거지? _ 39

Day 11 _ 40　　Day 12 _ 43　　Day 13 _ 46　　Day 14 _ 49　　Day 15 _ 52

어디가 틀린거지? _ 55

Day 16 _ 56　　Day 17 _ 59　　Day 18 _ 62　　Day 19 _ 65　　Day 20 _ 68

어디가 틀린거지? _ 71

Day 21 _ 72　　Day 22 _ 75　　Day 23 _ 78　　Day 24 _ 81　　Day 25 _ 84

어디가 틀린거지? _ 87

Day 26 _ 88　　Day 27 _ 91　　Day 28 _ 94　　Day 29 _ 97　　Day 30 _ 100

어디가 틀린거지? _ 103

**Day** 31 _ 104  **Day** 32 _ 107  **Day** 33 _ 110  **Day** 34 _ 113  **Day** 35 _ 116

어디가 틀린거지? _ 119

**Day** 36 _ 120  **Day** 37 _ 123  **Day** 38 _ 126  **Day** 39 _ 129  **Day** 40 _ 132

어디가 틀린거지? _ 135

**Day** 41 _ 136  **Day** 42 _ 139  **Day** 43 _ 142  **Day** 44 _ 145  **Day** 45 _ 148

어디가 틀린거지? _ 151

**Day** 46 _ 152  **Day** 47 _ 155  **Day** 48 _ 158  **Day** 49 _ 161  **Day** 50 _ 164

어디가 틀린거지? _ 167

**Day** 51 _ 168  **Day** 52 _ 171  **Day** 53 _ 174  **Day** 54 _ 177  **Day** 55 _ 180

어디가 틀린거지? _ 183

**Day** 56 _ 184  **Day** 57 _ 187  **Day** 58 _ 190  **Day** 59 _ 193  **Day** 60 _ 196

어디가 틀린거지? _ 199

어디가 틀린거지 〈정답〉_ 200

이 책을 사용하시는 선생님들께_ 205

# 1課

**우리들만의 수다방** 수업에 들어가기 전에 하는 예습으로 자신의 아이디어를 일본어로 써보자. 다음 주제로 다양한 질문을 생각해서 이야기해 보자.

 小さい子どもがケータイを持つこと、賛成ＶＳ反対

　例　自分の子どもには何歳くらいからケータイを持たせたいですか？小さい子どもがケータイを持つことの良い点／悪い点は？

 地下鉄ＶＳバス

　例　どちらが便利だと思いますか？どちらをよく利用しますか？それぞれの便利な点／不便な点は？

 両親のありがたさを感じた経験

　例　両親にお礼を言いたいことは何ですか？感謝の気持ちを両親にどうやって伝えますか？

 残業が多くて給料が高い会社ＶＳ残業がなくて給料が安い会社

　例　どちらに就職したいですか？今働いている会社はどちらのタイプですか？

 私の二面性

　例　学校での自分と家での自分はどう違いますか？仲の良い友達といる時はどんな自分になりますか？

 寝る時間が無いとき、○○で疲労回復

　例　疲労回復に役立つことは？

# Day 1 　수다거리 만들기

> 서로 이야기하면서 아래 문형표현에 맞게 문장을 만들어보자.

* ［　A　］からといって ［　B　］訳(わけ)ではない

  ＝ Aでも、Bではない場合(ばあい)がある

  A ＝ [명사] 〜だ・である ／ [い형용사] 〜い

  　　 [な형용사] 〜だ・である ／ [동사] 보통형

  B ＝ [명사] 〜な・である ／ [い형용사] 〜い

  　　 [な형용사] 〜な・である ／ [동사] 보통형

**맛보기** 残業したからといって、給料があがる訳ではない。

1. 日本人(にほんじん)／日本だからといって、[　　　　　]訳ではない。

2. 韓国人(かんこくじん)／韓国だからといって、[　　　　　]訳ではない。

3. 新(あたら)しい／古(ふる)いからといって、[　　　　　]訳ではない。

4. [　　　　　]からといって、おもしろい訳ではない。

5. [　　　　　]からといって、幸(しあわ)せな訳ではない。

6. [　　　　　]からといって、[　　　　　]訳ではない。

예습이나 수업 중에 나온 단어를 적어보고, 다시 한번 복습해 보자.

| 韓国語 | 日本語 | 韓国語 | 日本語 | 韓国語 | 日本語 |
|---|---|---|---|---|---|
| | | | | | |
| | | | | | |
| | | | | | |
| | | | | | |
| | | | | | |
| | | | | | |
| | | | | | |
| | | | | | |
| | | | | | |

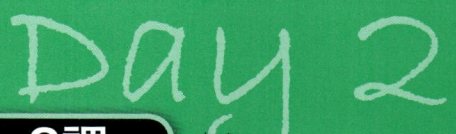

| 2課 |

우리들만의 수다방

수업에 들어가기 전에 하는 예습으로 자신의 아이디어를 일본어로 써보자.
다음 주제로 다양한 질문을 생각해서 이야기해 보자.

 近所づきあいについて

例 あなたの家は近所づきあいがありますか？近所づきあいは必要だと思いますか？
近所づきあいでどんなトラブルがありますか？

 結婚後、家庭の財布の管理、夫ＶＳ妻

例 結婚したら、お金の管理は自分がしたいですか？それともしてもらいたいですか？
また、共稼ぎの場合はどうしますか？

 彼氏／彼女を親に紹介するタイミング

例 彼氏／彼女をいつごろ紹介するのが良いと思いますか？
婚約相手じゃなくても親しい関係になったら彼氏／彼女を親に紹介しますか？

 ペアルック、できるＶＳできない

例 彼氏／彼女にペアルックを頼まれたら？周りの人がしているのを見てどう思いますか？

 メールＶＳ電話

例 どちらが手軽だと思いますか？短い用件のときはどちらが便利だと思いますか？

 有名人になりたいＶＳなりたくない

例 どんなことで有名になりたいですか？有名人をうらやましいと思うことは？有名人になったら、どんなことに困りそうですか？

## Day 2 수다거리 만들기

> 서로 이야기하면서 아래 문형표현에 맞게 문장을 만들어보자.

❋ [명사] ＋なしに ＝ ～がない状態で

**맛보기** 夫の許可なしに、高いかばんを買った。

1. 一日中休みなしに 〔　　　　　〕。

2. 人間は 〔　　　　　〕なしに、生きていくことはできない。

3. 最近は季節関係なしに、〔　　　　　〕。

4. 〔　　　　　〕なしに、成功することは無理だったと思う。

5. 上司の許可なしに〔　　　　　〕ので、怒られてしまった。

6. 〔　　　　　〕なしに、〔　　　　　〕。

### 나만의 노트

예습이나 수업 중에 나온 단어를 적어보고, 다시 한번 복습해 보자.

| 韓国語 | 日本語 | 韓国語 | 日本語 | 韓国語 | 日本語 |
|---|---|---|---|---|---|
|  |  |  |  |  |  |
|  |  |  |  |  |  |
|  |  |  |  |  |  |
|  |  |  |  |  |  |
|  |  |  |  |  |  |
|  |  |  |  |  |  |
|  |  |  |  |  |  |
|  |  |  |  |  |  |
|  |  |  |  |  |  |
|  |  |  |  |  |  |

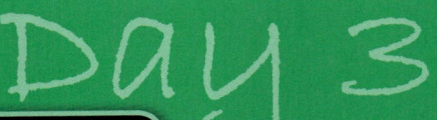

## 3課

우리들만의 수다방 | 수업에 들어가기 전에 하는 예습으로 자신의 아이디어를 일본어로 써보자. 다음 주제로 다양한 질문을 생각해서 이야기해 보자.

 日本で〇〇しました／〇〇したいです。

例 日本のどこに行って何をしましたか？実際に日本に行って、どんなことに驚きましたか？

 才能VS努力

例 才能と努力はどちらが大切だと思いますか？自分に才能があると思うことはどんなことですか？今努力していることは？

 ケータイなしでの生活できるVSできない

例 ケータイが無くても生活できると思いますか？ケータイが煩わしいと感じるときはどんなときですか？

 うれしかったサービス

例 今まで受けたサービスでうれしかったものは？サービスが悪いと感じるときはどんなときですか？

 あげるVSもらう

例 あげるのともらうのは、どちらが好きですか？最近もらったプレゼントでうれしかったものは？

 高校生がバイトすること、賛成VS反対

例 高校生がバイトすることのメリットとデメリットは？あなたが高校生のとき、バイトをしていましたか？

# Day 3　수다거리 만들기

> 서로 이야기하면서 아래 문형표현에 맞게 문장을 만들어보자.

❋ [　A　] というより、(むしろ) [　B　]

= AでもBでもあるけど、どちらかというとBだ

A = [명사] ~(だ) ／ [い형용사] ~い

　　[な형용사] ~(だ) ／ [동사] 보통형

**맛보기** 高校生なのに、バイト**というより、むしろ**社員のように、毎日働いている。

**1** 日本語の勉強は私にとって、[　　　　　]というより、むしろ[　　　　　]。

**2** うちの母は[　　　　　]というより、むしろ[　　　　　]。

**3** お酒は、[　　　　　]というより、むしろ[　　　　　]。

**4** ○○さんは[　　　　　]というより、むしろ[　　　　　]。

**5** [　　　　　]は[　　　　　]というより、むしろ[　　　　　]。

예습이나 수업 중에 나온 단어를 적어보고, 다시 한번 복습해 보자.

| 韓国語 | 日本語 | 韓国語 | 日本語 | 韓国語 | 日本語 |
|--------|--------|--------|--------|--------|--------|
|        |        |        |        |        |        |
|        |        |        |        |        |        |
|        |        |        |        |        |        |
|        |        |        |        |        |        |
|        |        |        |        |        |        |
|        |        |        |        |        |        |
|        |        |        |        |        |        |
|        |        |        |        |        |        |
|        |        |        |        |        |        |

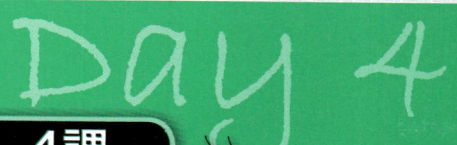

# 4課

우리들만의 수다방

수업에 들어가기 전에 하는 예습으로 자신의 아이디어를 일본어로 써보자. 다음 주제로 다양한 질문을 생각해서 이야기해 보자.

 安いものをたくさんVS高いものを少し

> 例 食べ物だったらどちらがいいですか？服やアクセサリーだったらどちらがいいですか？

 好きな人からのメールへの返事、すぐするVSすぐにはしない

> 例 好きな人からメールがきたら、すぐに返事しますか？すぐにはしないという人もいますが、どうしてだと思いますか？

 お金より大切なもの、あるVSない

> 例 お金よりも大切なものは何だと思いますか？お金があってもできないことはどんなことだと思いますか？

 知らない番号からの電話、出るVS出ない

> 例 知らない番号からの電話なら出ないという人がいますが、どうしてだと思いますか？

 街中で配っているもの、もらうVSもらわない

> 例 どんなものならもらいますか？もらってうれしかったものは何ですか？

 ○○は迷惑だ。

> 例 あなたの身の回りで迷惑だと思うことは何ですか？逆にあなたが他人に迷惑をかけてしまった経験は？

# Day 4 수다거리 만들기

> 서로 이야기하면서 아래 문형표현에 맞게 문장을 만들어보자.

## ❊ ～とおり(に) ＝ ～と同じように

[명사] ～の・직접 접속(이런 경우는「どおり」로 접속한다)

(예) 説明のとおりに・説明どおりに

[동사] ～る・～た

**맛보기** チラシに書いてある地図のとおりに歩いてみたが、店まで辿り着けなかった。

**1** リーダーの指示のとおり、（　　　　　）。

**2** 本で読んだとおり、日本人は（　　　　　）。

**3** 私が思ったとおり、（　　　　　）。

**4** 評判どおり、（　　　　　）。

**5** （　　　　　）とおりに、（　　　　　）ので、イライラした。

**6** （　　　　　）とおりに、（　　　　　）。

나만의 노트

예습이나 수업 중에 나온 단어를 적어보고, 다시 한번 복습해 보자.

| 韓国語 | 日本語 | 韓国語 | 日本語 | 韓国語 | 日本語 |
|---|---|---|---|---|---|
|  |  |  |  |  |  |
|  |  |  |  |  |  |
|  |  |  |  |  |  |
|  |  |  |  |  |  |
|  |  |  |  |  |  |
|  |  |  |  |  |  |
|  |  |  |  |  |  |
|  |  |  |  |  |  |
|  |  |  |  |  |  |
|  |  |  |  |  |  |

# Day 5

## 5課

> 우리들만의 수다방
> 수업에 들어가기 전에 하는 예습으로 자신의 아이디어를 일본어로 써보자.
> 다음 주제로 다양한 질문을 생각해서 이야기해 보자.

 新しいものVS古いもの

例　新しい音楽と古い音楽、どちらがいいですか？新しい友達と昔の友達、どちらが大切？現代的（げんだいてき）な街（まち）と歴史的（れきしてき）な場所（ばしょ）、行きたいのは？

 初恋（はつこい）の話

例　初恋はいつですか？どんなときに初恋の相手（あいて）を思（おも）い出（だ）しますか？

 やってみたいバイト

例　街中（まちなか）で見て自分もやってみたいと思う仕事は？給料（きゅうりょう）が安くてもやりたい仕事は？

 いじめは、いじめられる人にも責任（せきにん）がある。Yes or No

例　あなたはいじめられる人にも責任があると思いますか？いじめられる人も悪いという人もいますが、どうしてだと思いますか？

 長電話最長記録（ながでんわさいちょうきろく）

例　あなたは長電話するタイプですか？それとも出来るだけ短（みじか）く済（す）ませたいタイプですか？

 〇〇に一言（ひとこと）言いたい！

例　改善（かいぜん）してほしいと思っていることは何ですか？最近持っている不満（ふまん）は？

# Day 5　수다거리 만들기

> 서로 이야기하면서 아래 문형표현에 맞게 문장을 만들어보자.

## ❋ ～かわりに

[명사]～の ／ [동사] 보통형

**맛보기**　電話代が高いので、電話するかわりに、インターネットでチャットします。

1. 「あなたが好きです」という言葉の代わりに 〔　　　　　〕。

2. 時間が無いので、ご飯の代わりに 〔　　　　　〕。

3. 留学したいけどお金が無いので、留学の代わりに 〔　　　　　〕。

4. お酒が一滴も飲めないので、お酒の代わりに 〔　　　　　〕。

5. ダイエットしたいけど運動はしたくないので、運動の代わりに 〔　　　　　〕。

6. 〔　　　　　〕代わりに〔　　　　　〕。

나만의 노트

예습이나 수업 중에 나온 단어를 적어보고, 다시 한번 복습해 보자.

| 韓国語 | 日本語 | 韓国語 | 日本語 | 韓国語 | 日本語 |
|--------|--------|--------|--------|--------|--------|
|        |        |        |        |        |        |
|        |        |        |        |        |        |
|        |        |        |        |        |        |
|        |        |        |        |        |        |
|        |        |        |        |        |        |
|        |        |        |        |        |        |
|        |        |        |        |        |        |
|        |        |        |        |        |        |
|        |        |        |        |        |        |
|        |        |        |        |        |        |

# 어디가 틀린거지?

서로 이야기하면서 바른 일본어 또는 자연스러운 일본어로 고쳐보자.

1. ちょっと寒いので、部屋の門を閉めてくれませんか？

2. ライバルを勝つために、毎日一生懸命練習してきました。

3. それとこれとは、どのくらいは関係があると思います。

4. 土日はテレビを見ることだけしました。

5. ご飯を食べている中に、友達から電話がかかってきました。

6. 昨日、先生がそんなに言っていました。

7. あんなまずい店には、または行きたくないです。

8. 彼氏にケータイで文字を送りました。

9. カレーとラーメンとどっちがいい？ ── カレーでします。

10. あの人は、若く見えるけど、子ども二人がいます。

# Day 6

**6課**

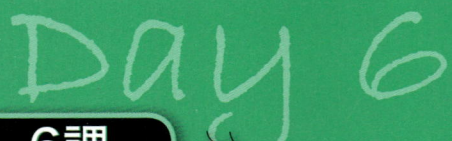

수업에 들어가기 전에 하는 예습으로 자신의 아이디어를 일본어로 써보자.
다음 주제로 다양한 질문을 생각해서 이야기해 보자.

親友ＶＳ彼氏／彼女

例　約束が重なったときは、どちらを優先しますか？

○○がほしかったけど、我慢しました。

例　ほしかったけど買わなかったものは何ですか？なぜ買うのを我慢しましたか？

最近○○に困っています。

例　あなたが最近困っていることは何ですか？

友達って大切だなぁと感じた経験

例　どんなときに友達の大切さを感じますか？

自分から告白するＶＳ告白されるのを待つ

例　好きな人ができたら自分から告白できますか？待っていても告白してくれない場合どうしますか？

遅刻ＶＳ待つ

例　遅刻することが多いですか？待つことが多いですか？どのくらいの時間なら待ってあげますか？

# Day 6  수다거리 만들기

서로 이야기하면서 아래 문형표현에 맞게 문장을 만들어보자.

## ❈ 〜ところだった ＝ 〜しそうになった

※悪いことが起こりそうになったが、起こらなかったことを表す。

[동사] 보통형

**맛보기** 彼女に浮気がばれるところだった。

1. 横から突然車が飛び出してきて、□□□□□ところだった。

2. 明日試験があることを忘れていて、□□□□□ところだった。

3. もう少し遅かったら、□□□□□ところだった。

4. □□□□□て、学校に遅刻してしまうところだった。

5. □□□□□て、会社をクビになるところだった。

6. □□□□□て、□□□□□ところだった。

나만의 노트

예습이나 수업 중에 나온 단어를 적어보고, 다시 한번 복습해 보자.

| 韓国語 | 日本語 | 韓国語 | 日本語 | 韓国語 | 日本語 |
|---|---|---|---|---|---|
| | | | | | |
| | | | | | |
| | | | | | |
| | | | | | |
| | | | | | |
| | | | | | |
| | | | | | |
| | | | | | |
| | | | | | |
| | | | | | |

**7課**

우리들만의 수다방

수업에 들어가기 전에 하는 예습으로 자신의 아이디어를 일본어로 써보자.
다음 주제로 다양한 질문을 생각해서 이야기해 보자.

リーダー、なりたいVSなりたくない

例 あなたは人を引っ張っていくのが得意ですか？今までどんなリーダーに出会いましたか？

愛するVS愛される

例 自分を好きになってくれる人がいいですか？それとも自分が好きになった人がいいですか？彼氏／彼女なら？結婚相手なら？

最近の気になるニュース

例 最近のニュースで興味を持ったものは？身の回りで起きた気になることは？

趣味を仕事に、したいVSしたくない

例 趣味を仕事にしたら、人生が楽しくなると思いますか？あなたの今の仕事は趣味だと言えますか？

私の思春期

例 あなたはどんな思春期を送りましたか？そのときに一番頑張っていたこと／夢中になっていたことは？

私の失敗談

例 失敗して悔しかった経験は？その失敗をしてから、あなたはどのように変わりましたか？

## Day 7 수다거리 만들기

> 서로 이야기하면서 아래 문형표현에 맞게 문장을 만들어보자.

❀ [ A ] といえば [ B ]   ※A＝テーマ　B＝代表

A ＝ [명사]　B ＝ [명사]

**맛보기** 思春期の思い出といえば、部活をがんばったことだ。

1. 日本といえば、[　　　　　]。

2. 韓国といえば、[　　　　　]。

3. 正月といえば、[　　　　　]。

4. 春／夏／秋／冬といえば、[　　　　　]。

5. [　　　　　] といえば、[　　　　　]。

예습이나 수업 중에 나온 단어를 적어보고,
다시 한번 복습해 보자.

| 韓国語 | 日本語 | 韓国語 | 日本語 | 韓国語 | 日本語 |
|---|---|---|---|---|---|
| | | | | | |
| | | | | | |
| | | | | | |
| | | | | | |
| | | | | | |
| | | | | | |
| | | | | | |
| | | | | | |
| | | | | | |

# Day 8

**8課**

수업에 들어가기 전에 하는 예습으로 자신의 아이디어를 일본어로 써보자.
다음 주제로 다양한 질문을 생각해서 이야기해 보자.

学校行事の思い出
**例** 修学旅行の思い出は？文化祭ではどんなことをしましたか？

両親に怒られた経験
**例** 小さいころどんなことをして両親に怒られてしまいましたか？最近怒られてしまったことは？

子どものころ持っていた夢
**例** 小さいころの将来の夢は何でしたか？その夢は叶いましたか？

お世辞、必要VS不必要
**例** お世辞を言うことは必要だと思いますか？今までにどんなお世辞を言ったことがありますか？

私の身の回りの人気者
**例** あなたの周りにはどんな人気者がいますか？どういう人が周りから尊敬されると思いますか？

私の学校にはこんな校則があります／ありました。
**例** 納得ができない変な校則は？校則を破って怒られてしまった経験は？

# Day 8 수다거리 만들기

> 서로 이야기하면서 아래 문형표현에 맞게 문장을 만들어보자.

## ❈ [명사] ＋として

※立場を表す

**맛보기** 修学旅行のとき、リーダーとしてみんなをまとめる仕事をしました。

**1** 私は（　　　　　）として日本に来ました。

**2** （　　　　　）は（　　　　　）として、ここで働いています。

**3** 私は学生として（　　　　　）。

**4** 親として、子どもには（　　　　　）なければいけない。

**5** （　　　　　）は（　　　　　）として（　　　　　）。

나만의 노트

예습이나 수업 중에 나온 단어를 적어보고, 다시 한번 복습해 보자.

| 韓国語 | 日本語 | 韓国語 | 日本語 | 韓国語 | 日本語 |
|---|---|---|---|---|---|
|  |  |  |  |  |  |
|  |  |  |  |  |  |
|  |  |  |  |  |  |
|  |  |  |  |  |  |
|  |  |  |  |  |  |
|  |  |  |  |  |  |
|  |  |  |  |  |  |
|  |  |  |  |  |  |
|  |  |  |  |  |  |
|  |  |  |  |  |  |

# Day 9

## 9課

수업에 들어가기 전에 하는 예습으로 자신의 아이디어를 일본어로 써보자.
다음 주제로 다양한 질문을 생각해서 이야기해 보자.

習い事について

例 小さいころ、どんな習い事をしましたか？自分の子どもにさせたい習い事は？今あなたがしている習い事は？

ダイエットについて

例 成功／失敗したダイエット方法は？あなたの周りにダイエットに成功した人はいますか？

もし今休学／休職したら〇〇がしたい。

例 学校や仕事を休んでしたいことは何ですか？もし休めるなら、どのくらいの期間休んで復学／復帰したいですか？

体罰、必要ＶＳ不必要

例 体罰は必要だと思いますか？あなたは学生のころ、体罰を受けたことがありますか？

一人暮らしＶＳ親と同居

例 一人暮らしした経験はありますか？一人暮らしすることと親と同居すること、それぞれの良い点／悪い点は？

彼氏／彼女に一日にする電話の回数

例 彼氏／彼女が一日に何回も電話をくれたら、うれしいですか？嫌ですか？

# Day 9 수다거리 만들기

서로 이야기하면서 아래 문형표현에 맞게 문장을 만들어보자.

✱ [ A ] 上で [ B ]   ※ A＝目的　B＝評価

A ＝ [명사] 〜の ／ [동사] 사전형

**맛보기** 体罰は子どもを教育する上で必要だと思いますか？

**1** 友達は [　　　　　] 上で、なくてはならない存在だ。

**2** インターネットは [　　　　　] 上で、[　　　　　]。

**3** [　　　　　] は外国語の勉強をする上で、欠かせません。

**4** お金は [　　　　　] 上で、[　　　　　]。

**5** ケータイは [　　　　　] 上で、[　　　　　]。

**6** [　　　　　] は [　　　　　] 上で、[　　　　　]。

# 나만의 노트

예습이나 수업 중에 나온 단어를 적어보고,
다시 한번 복습해 보자.

| 韓国語 | 日本語 | 韓国語 | 日本語 | 韓国語 | 日本語 |
|---|---|---|---|---|---|
| | | | | | |
| | | | | | |
| | | | | | |
| | | | | | |
| | | | | | |
| | | | | | |
| | | | | | |
| | | | | | |
| | | | | | |
| | | | | | |

# Day 10

**10課**

수업에 들어가기 전에 하는 예습으로 자신의 아이디어를 일본어로 써보자.
다음 주제로 다양한 질문을 생각해서 이야기해 보자.

### 受験の思い出
> **例** 受験生のとき、どれくらい勉強しましたか？辛かったこと／楽しかったことは？
> 韓国の受験戦争をどう思いますか？

### 人生、安定ＶＳ冒険
> **例** 安定した人生と冒険の人生とどちらがいいですか？あなたの今の人生はどちらのタイプですか？

### 友達は自分と性格や趣味が、似ている人ＶＳ似ていない人
> **例** どちらのタイプの友達がいいと思いますか？実際のあなたの友達はどちらのタイプが多いですか？

### 彼氏／彼女に、甘えたいＶＳ甘えられたい
> **例** あなたは彼氏／彼女に甘えたいですか？甘えられたいですか？男性が女性に甘えることに関してどう思いますか？

### 周りから白い目で見られてしまった経験
> **例** 何か失敗して恥ずかしかった経験は？

### 犬ＶＳ猫
> **例** 犬と猫、ペットにするならどちらがいいですか？それぞれペットにしたらどんな楽しみ／苦労があると思いますか？

# Day 10 수다거리 만들기

서로 이야기하면서 아래 문형표현에 맞게 문장을 만들어보자.

## ❋ 受身形

[1그룹 동사] 飲む → 飲む＋まれる

[2그룹 동사] 食べる → 食べる＋られる

[3그룹 동사] する → される ／ 来る → 来られる

**맛보기** 駅の階段で転んでしまって、周りの人に見られて恥ずかしかった。

1. 間違ったことは何もしていないのに、 [　　　] に [　　　] れてしまった。

2. 成績があがって、 [　　　] に [　　　] れた。

3. 大切にしていたものが [　　　] に [　　　] れてしまった。

4. [　　　] を [　　　] れたなら、すぐに警察に通報したほうがいい。

5. [　　　] を [　　　] れて、彼はすごく怒った。

6. [　　　] れました。

나만의 노트

예습이나 수업 중에 나온 단어를 적어보고,
다시 한번 복습해 보자.

| 韓国語 | 日本語 | 韓国語 | 日本語 | 韓国語 | 日本語 |
|---|---|---|---|---|---|
| | | | | | |
| | | | | | |
| | | | | | |
| | | | | | |
| | | | | | |
| | | | | | |
| | | | | | |
| | | | | | |
| | | | | | |
| | | | | | |

# 어디가 틀린거지?

서로 이야기하면서 바른 일본어 또는 자연스러운 일본어로 고쳐보자.

1. 日曜日はワイフと一緒に出掛けました。

2. 私、この本が気に入ります。

3. 暗いので、部屋の火をつけました。

4. メール住所を教えてくれませんか？

5. 彼女は結婚してからずっと幸せに住んでいます。

6. 換率が高くて、留学に行くのが大変です。

7. ガソリンが無くなってきたので、注油所に寄らなければいけません。

8. 努力して、いつか夢を現実に作りたいです。

9. 寒いので、暖かく着て出掛けてくださいね。

10. お風呂から出たあと、ドライ機で髪を乾かしました。

# 11課

> 우리들만의 수다방
> 수업에 들어가기 전에 하는 예습으로 자신의 아이디어를 일본어로 써보자.
> 다음 주제로 다양한 질문을 생각해서 이야기해 보자.

 私の部屋の自慢できるところ

例 あなたの部屋で自慢できるところは何ですか？

 電車の中で見た変な人

例 電車の中で変な人を見たことがありますか？マナーが悪い人がいて腹が立った経験は？

 美味しい食べ物ＶＳ体に良い食べ物

例 美味しい食べ物と体に良い食べ物、どちらを選びますか？食べ物を選ぶ時、何に注意しますか？

 こんな不親切な店がありました。

例 店員が不親切で腹が立った経験は？

 困ったときの相談相手、親ＶＳ友達

例 困ったとき、どちらに相談しますか？両親にはどんな相談をしますか？友達にはどんな相談をしますか？

 別れた彼氏／彼女と連絡、とるＶＳとらない

例 別れた彼氏／彼女と連絡をとりますか？会いたいと言われたらどうしますか？

# Day 11 수다거리 만들기

서로 이야기하면서 아래 문형표현에 맞게 문장을 만들어보자.

## 使役形

[1그룹 동사] 飲む → 飲む＋ませる

[2그룹 동사] 食べる → 食べる＋させる

[3그룹 동사] する → させる ／ 来る → 来させる

**맛보기** 彼は大人になったのに、部屋の掃除を母親にさせている。

1. 教育熱心な親は、子どもに [　　　　　] せる。

2. お腹が空いたので、[　　　　　] に [　　　　　] せた。

3. 先生は怒って、[　　　　　] に [　　　　　] せました。

4. めんどくさいからといって、[　　　　　] に [　　　　　] せてはいけない。

5. 忙しくて手が離せなかったので、[　　　　　] に [　　　　　] せました。

6. [　　　　　] せました。

예습이나 수업 중에 나온 단어를 적어보고, 다시 한번 복습해 보자.

| 韓国語 | 日本語 | 韓国語 | 日本語 | 韓国語 | 日本語 |
|---|---|---|---|---|---|
| | | | | | |
| | | | | | |
| | | | | | |
| | | | | | |
| | | | | | |
| | | | | | |
| | | | | | |
| | | | | | |
| | | | | | |
| | | | | | |

# Day 12

**12課**

수업에 들어가기 전에 하는 예습으로 자신의 아이디어를 일본어로 써보자. 다음 주제로 다양한 질문을 생각해서 이야기해 보자.

 旅行するなら、グルメツアーVS名所巡り

> 例　あなたの旅行の目的は？今計画中の旅行は？

 私が持っている資格／免許

> 例　あなたはどんな資格／免許を持っていますか？これからとりたいと思っている資格／免許は？

 長生き、したいVSしたくない

> 例　何歳くらいまで生きたいですか？あまり長生きはしたくないという人もいますが、なぜだと思いますか？

 健康のためにしていること／していないこと

> 例　健康のためにどんなことに気をつけていますか？

 イライラしたとき、〇〇でストレス解消

> 例　あなたのストレス解消法は？最近どんなことにストレスを感じていますか？

 親友と呼べる人の人数

> 例　あなたには親友が何人いますか？友達と親友のちがいは何だと思いますか？

# Day 12 수다거리 만들기

서로 이야기하면서 아래 문형표현에 맞게 문장을 만들어보자.

### ❖ 使役受身形

[1그룹 동사] 飲む → 飲む＋ませられる（まされる）

[2그룹 동사] 食べる → 食べる＋させられる

[3그룹 동사] する → させられる ／ 来る → 来させられる

**맛보기** パッケージツアーの観光客は、ツアーガイドに免税店で買い物させられる。

1. 毎日宿題を忘れた罰として、（　　　　　）せられました。

2. デートのとき、彼女に（　　　　　）せられました。

3. 休みの日なのに、（　　　　　）せられました。

4. テストの点数が悪くて、（　　　　　）せられました。

5. 飲み会のときに、先輩に（　　　　　）せられました。

6. （　　　　　）に（　　　　　）せられました。

나만의 노트

예습이나 수업 중에 나온 단어를 적어보고, 다시 한번 복습해 보자.

| 韓国語 | 日本語 | 韓国語 | 日本語 | 韓国語 | 日本語 |
|---|---|---|---|---|---|
| | | | | | |
| | | | | | |
| | | | | | |
| | | | | | |
| | | | | | |
| | | | | | |
| | | | | | |
| | | | | | |
| | | | | | |

# Day 13

**13課**

우리들만의 수다방

수업에 들어가기 전에 하는 예습으로 자신의 아이디어를 일본어로 써보자.
다음 주제로 다양한 질문을 생각해서 이야기해 보자.

 私は〇〇を集めています／いました。

　例　コレクションにしているもの／していたものは何ですか？

 三日坊主で終わってしまったこと

　例　あなたは根気良く努力するタイプですか？三日坊主になってしまうことが多いですか？すぐにやめてしまったことは？

 私は〇〇に敏感／鈍感です。

　例　あなたは何に敏感／鈍感ですか？他の人は気にしているけど自分には全然気にならないことは？

 音信不通、もう一度会いたい人

　例　連絡が取れないけど会いたい昔の友達はいますか？

 誕生日プレゼントについて

　例　今年の誕生日にほしいものは何ですか？去年の誕生日は何をもらいましたか？

 外国人の友達について

　例　どこの国の人と友達になりたいですか？どこの国の友達がいますか？外国人の友達を作る方法は？

# Day 13 수다거리 만들기

> 서로 이야기하면서 아래 문형표현에 맞게 문장을 만들어보자.

❋ [동사의 て형]＋みる　　※試しに～して、その結果を見る

**맛보기**　昔のEメールアドレスにメールしてみたけど、届かなかった。

1. 一度でいいから、（　　　　　　）てみたいです。

2. 冗談で（　　　　　　）てみたら、相手が怒り出した。

3. （　　　　　　）てみたら、上手くできた。

4. （　　　　　　）は、（　　　　　　）てみないと分からない。

5. （　　　　　　）を（　　　　　　）てみてもいいですか？

예습이나 수업 중에 나온 단어를 적어보고, 다시 한번 복습해 보자.

| 韓国語 | 日本語 | 韓国語 | 日本語 | 韓国語 | 日本語 |
|---|---|---|---|---|---|
|  |  |  |  |  |  |
|  |  |  |  |  |  |
|  |  |  |  |  |  |
|  |  |  |  |  |  |
|  |  |  |  |  |  |
|  |  |  |  |  |  |
|  |  |  |  |  |  |
|  |  |  |  |  |  |
|  |  |  |  |  |  |
|  |  |  |  |  |  |

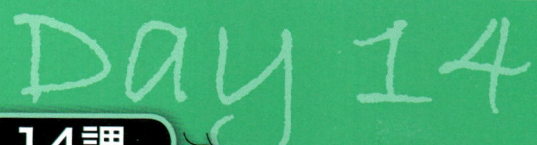

# 14課

> 우리들만의 수다방
> 수업에 들어가기 전에 하는 예습으로 자신의 아이디어를 일본어로 써보자.
> 다음 주제로 다양한 질문을 생각해서 이야기해 보자.

 将来こんな家／場所に住みたい。
　例▶ 将来どんな家／場所に住みたいですか？今住んでいる場所にずっと住みたいですか？

 動物園、必要ＶＳ不必要
　例▶ 動物園は必要だと思いますか？必要じゃないと思いますか？子どものころ動物園に行った思い出は？

 私のオススメの店
　例▶ あなたのオススメの店はどこにありますか？どうしてその店をオススメしますか？

 部屋を掃除する頻度
　例▶ どのくらいの頻度で部屋の掃除をしますか？小さいころ自分の部屋を自分で掃除しましたか？両親にしてもらいましたか？

 今まで買ったもので一番高いもの
　例▶ 今まで買ったもので一番高いものは何ですか？それは今でも大切にしていますか？

 ネットショッピングＶＳ店に行って買う。
　例▶ それぞれの良い点と悪い点は？インターネットで買い物して失敗した経験は？

# Day 14 수다거리 만들기

> 서로 이야기하면서 아래 문형표현에 맞게 문장을 만들어보자.

❋ ～反面    ※良い面と悪い面があることを表す。

[명사] である ／ [い형용사] ～い

[な형용사] ～な・である ／ [동사] 보통형

**맛보기** ネットショッピングは、店に行かなくていいから楽な反面、直接商品が見られないため失敗することも多い。

1. 彼は、友達と一緒にいるときは（　　　　　　）反面、親の前では（　　　　　　）。

2. 彼女は、男の前では（　　　　　　）反面、女同士のときは（　　　　　　）。

3. あの人は、部下に対しては（　　　　　　）反面、上司に対しては（　　　　　　）。

4. 先生は、生徒の前では（　　　　　　）反面、奥さんの前では（　　　　　　）。

5. この会社は、給料は良い反面、（　　　　　　）。

6. （　　　　　　）は、（　　　　　　）反面、（　　　　　　）。

예습이나 수업 중에 나온 단어를 적어보고, 다시 한번 복습해 보자.

| 韓国語 | 日本語 | 韓国語 | 日本語 | 韓国語 | 日本語 |
|---|---|---|---|---|---|
| | | | | | |
| | | | | | |
| | | | | | |
| | | | | | |
| | | | | | |
| | | | | | |
| | | | | | |
| | | | | | |
| | | | | | |
| | | | | | |

# Day 15

**15課**

수업에 들어가기 전에 하는 예습으로 자신의 아이디어를 일본어로 써보자.
다음 주제로 다양한 질문을 생각해서 이야기해 보자.

 「もっと頑張らなくちゃ」と思ったこと

> 例 最近もっと頑張らなくちゃと思ったことは何ですか？学生時代頑張っておけばよかったと思うことは何ですか？

 しゃっくりを止める方法

> 例 しゃっくりが止まらないとき、あなたはどうやって止めますか？しゃっくりを止める方法で有名な方法は？

 イミテーション、使うＶＳ使わない。

> 例 イミテーションの商品を買ったことはありますか？品質が良ければ使うという人もいますが、あなたはどうですか？

 衝動買いしてしまった経験

> 例 あなたは計画的に買うタイプですか？衝動買いするタイプですか？今までに衝動買いしてしまったものは？

 結婚する年齢について

> 例 何歳くらいで結婚するのがいいと思いますか？学生結婚についてどう思いますか？

 兵役義務、必要ＶＳ不必要

> 例 義務で軍隊に行くことについてどう思いますか？女性も軍隊に行く国がありますが、どう思いますか？

# Day 15 수다거리 만들기

서로 이야기하면서 아래 문형표현에 맞게 문장을 만들어보자.

❖ [동사의 て형] + は + [동사]　※２つのことを繰り返す

**맛보기** 衝動買いしては後悔するので、デパートには行かないようにしている。

**1** 土日は特に予定がなかったので、（　　　　　）ては（　　　　　）て、ずっと家でゴロゴロしていた。

**2** ダイエット中なのに、（　　　　　）ては（　　　　　）ので、まったく痩せられない。

**3** 試験が近いのに、（　　　　　）ては（　　　　　）て、全然勉強に身が入らない。

**4** 仕事がたまっているのに、（　　　　　）ては（　　　　　）して、結局全然終わらなかった。

**5** （　　　　　）ては（　　　　　）て、時間を無駄にした。

**6** （　　　　　）ては（　　　　　）て、（　　　　　）。

나만의 노트

예습이나 수업 중에 나온 단어를 적어보고, 다시 한번 복습해 보자.

| 韓国語 | 日本語 | 韓国語 | 日本語 | 韓国語 | 日本語 |
|---|---|---|---|---|---|
| | | | | | |
| | | | | | |
| | | | | | |
| | | | | | |
| | | | | | |
| | | | | | |
| | | | | | |
| | | | | | |
| | | | | | |
| | | | | | |

# 어디가 틀린거지?

서로 이야기하면서 바른 일본어 또는 자연스러운 일본어로 고쳐보자.

1. あの映画を見て、感動をもらいました。

2. あとで日本に留学する予定です。

3. 私の学校は教服が無いので、私服で登校します。

4. あの２人が手をつないで、道で歩いているのを見ました。

5. 夏休みの旅行を期待しています。

6. 店でフードＴを買いました。

7. そんなこと言ったら、当然にあの人は怒りますよ。

8. あの新人は仕事をはやく習います。

9. 最近忙しいですか？ —— はい、ちょっとそうです。

10. もうご飯食べましたか？ —— いいえ、まだ食べませんでした。

# Day 16

**16課**

우리들만의 수다방 — 수업에 들어가기 전에 하는 예습으로 자신의 아이디어를 일본어로 써보자. 다음 주제로 다양한 질문을 생각해서 이야기해 보자.

 ○○をすごく安く買いました。
> 例　あなたがすごく安く買ったものは何ですか？どこで買いましたか？

 こんなクレームをつけました／つけられました。
> 例　あなたが店などでクレームをつけた経験は？働いていてクレームをつけられた経験は？

○○を卒業（そつぎょう）した後（あと）、○○をしました。
> 例　大学卒業後、何をしましたか？大学に行くのと専門（せんもん）学校に行くのはどちらがいいと思いますか？

 門限（もんげん）について
> 例　子どもの頃の門限は何時でしたか？今も門限がありますか？自分の子どもには何時までに帰るように言いますか？

 一人暮（ひとりぐ）らしＶＳ友達とルームシェア
> 例　それぞれの良い点／悪い点は？留学先（りゅうがくさき）などでルームシェアするなら友達とがいいですか？知らない人とがいいですか？

 就職活動（しゅうしょくかつどう）について
> 例　就職活動をしたときに苦労（くろう）したことは？就職活動はどんなことが大変そうですか？

# Day 16 수다거리 만들기

> 서로 이야기하면서 아래 문형표현에 맞게 문장을 만들어보자.

🍀 **～ほど ＝ ～くらい** ※程度を表す

[명사] 直接接続 ／ [い형용사] ～い

[な형용사] ～な ／ [동사] 보통형

**맛보기** 海外に行ったら、ブランドの鞄がびっくりする**ほど**安かった。

1. 去年の夏は、＿＿＿＿＿ほど暑かった。

2. あの先生の授業はすごくつまらなくて、＿＿＿＿＿ほど眠くなる。

3. ＿＿＿＿＿時、涙が出るほど悔しかった。

4. ＿＿＿＿＿が、＿＿＿＿＿ほど嫌いだ。

5. あなたのことが＿＿＿＿＿ほど好きです。

6. ＿＿＿＿＿は、＿＿＿＿＿ほど＿＿＿＿＿。

예습이나 수업 중에 나온 단어를 적어보고,
다시 한번 복습해 보자.

| 韓国語 | 日本語 | 韓国語 | 日本語 | 韓国語 | 日本語 |
|---|---|---|---|---|---|
|  |  |  |  |  |  |
|  |  |  |  |  |  |
|  |  |  |  |  |  |
|  |  |  |  |  |  |
|  |  |  |  |  |  |
|  |  |  |  |  |  |
|  |  |  |  |  |  |
|  |  |  |  |  |  |
|  |  |  |  |  |  |

# Day 17

**17課**

우리들 만의 수다방

수업에 들어가기 전에 하는 예습으로 자신의 아이디어를 일본어로 써보자.
다음 주제로 다양한 질문을 생각해서 이야기해 보자.

 私は○○音痴です。
　例　あなたは何音痴ですか？それで困ってしまった経験は？

 勉強しなくてはいけない理由を子どもに質問されたら
　例　あなたは子どもにどのように説明しますか？あなたはいつ頃から「勉強しなくちゃいけない」と思いましたか？

 友達にお金、貸すVS貸さない。
　例　友達にお金を貸してと頼まれたら貸しますか？いくらまで貸しますか？親友だったらどうですか？

 外国語の勉強について
　例　これから勉強したいと思っている外国語は？日本語以外に今勉強している外国語は？なぜ外国語を勉強していますか？

 私の特技
　例　あなたの特技は？昔は得意だったけど今はできなくなってしまったことは？

 結婚後の家事の分担について
　例　あなたは結婚後家事を分担しますか？夫と妻でどのように分担すればいいと思いますか？

# Day 17 수다거리 만들기

서로 이야기하면서 아래 문형표현에 맞게 문장을 만들어보자.

❈ [명사] + に対して = 〜を相手に

**맛보기** 日本語がまだ下手だった頃は、日本人に対して、知らずに失礼な言い方をしてしまったこともある。

**1** あの人はかっこいい男／かわいい女に対して、〔　　　　　〕。

**2** 〔　　　　　〕は、嫌いな人に対して、〔　　　　　〕。

**3** あの店の店員は客に対して、〔　　　　　〕。

**4** 〔　　　　　〕は、初対面の人に対して〔　　　　　〕。

**5** 〔　　　　　〕は〔　　　　　〕に対して、態度が悪い。

**6** 〔　　　　　〕は〔　　　　　〕に対して、〔　　　　　〕。

예습이나 수업 중에 나온 단어를 적어보고, 다시 한번 복습해 보자.

| 韓国語 | 日本語 | 韓国語 | 日本語 | 韓国語 | 日本語 |
|---|---|---|---|---|---|
|  |  |  |  |  |  |
|  |  |  |  |  |  |
|  |  |  |  |  |  |
|  |  |  |  |  |  |
|  |  |  |  |  |  |
|  |  |  |  |  |  |
|  |  |  |  |  |  |
|  |  |  |  |  |  |
|  |  |  |  |  |  |
|  |  |  |  |  |  |

# Day 18

## 18課

우리들만의 수다방

수업에 들어가기 전에 하는 예습으로 자신의 아이디어를 일본어로 써보자.
다음 주제로 다양한 질문을 생각해서 이야기해 보자.

ペットについて
例 飼っているペットは？小さい頃、飼っていたペットは？もし飼えるなら飼ってみたいペットは？

私のジンクス
例 あなたの日常生活のジンクスは？昔から言われているジンクスは？

言われてうれしかった一言
例 友達に言われてうれしかった言葉は？先生に言われてうれしかった言葉は？

ターニングポイント、〇〇で人生が変わりました。
例 自分の人生のターニングポイントだったと思うのはいつですか？自分が今までにした大きな決断は？

〇〇で挫折しました。
例 あなたの挫折した経験は？もう無理だと思ったとき、あきらめるタイプですか？最後までがんばるタイプですか？

スポーツ、見るVSする
例 スポーツは実際にする方が好きですか？テレビや競技場で見る方が好きですか？あなたがしているスポーツは？

# Day 18 수다거리 만들기

> 서로 이야기하면서 아래 문형표현에 맞게 문장을 만들어보자.

❋ [명사] → こそ  ※「〜は」를 강조하는 표현

**맛보기** 挫折した時こそ、新しい自分を発見するチャンスだ。

1. 前回は失敗に終わったけど、今度こそ 　　　　　　。

2. あの人こそ、うちのクラスの 　　　　　　 に相応しい。

3. 私こそ、 　　　　　　 。

4. 　　　　　　 こそ、長い間私が夢にまで見ていたことです。

5. 　　　　　　 こそ、 　　　　　　 で世界一の国だ。

6. 　　　　　　 こそ、 　　　　　　 。

예습이나 수업 중에 나온 단어를 적어보고,
다시 한번 복습해 보자.

| 韓国語 | 日本語 | 韓国語 | 日本語 | 韓国語 | 日本語 |
|---|---|---|---|---|---|
| | | | | | |
| | | | | | |
| | | | | | |
| | | | | | |
| | | | | | |
| | | | | | |
| | | | | | |
| | | | | | |
| | | | | | |

# Day 19

**19課**

수업에 들어가기 전에 하는 예습으로 자신의 아이디어를 일본어로 써보자. 다음 주제로 다양한 질문을 생각해서 이야기해 보자.

 朝型人間ＶＳ夜型人間

> 例　あなたの今の生活スタイルはどちらですか？あなたの平均睡眠時間は？

 大企業の社員ＶＳ小企業の社長

> 例　あなたはどちらになりたいですか？それぞれどんな悩みや苦労があると思いますか？

 制服ＶＳ私服

> 例　どちらが楽だと思いますか？学生時代、自分の学校の制服は好きでしたか？

 春夏秋冬、一番好きな季節

> 例　好きな季節は？あなたの国で一番いい季節はいつですか？

 身の回りで起きた変化

> 例　最近あなたの身の回りで起きた変化は？変化が多い生活が好きですか？変化が少ない生活が好きですか？

 私の好きな言葉

> 例　昔の人たちが言った言葉で好きな言葉は？周りの人から言われた言葉で印象に残っている言葉は？

# Day 19 수다거리 만들기

> 서로 이야기하면서 아래 문형표현에 맞게 문장을 만들어보자.

❋ [ A ] ため(に) = ～が原因で

[명사] ～の / [い형용사] ～い

[な형용사] ～な / [동사] ～た

**맛보기** 連休に夜型の生活をしたために、学校が始まって朝型の生活に戻すのが大変だ。

1. スーパーでお金が足りなかったため、（　　　　）。

2. （　　　　）ため、（　　　　）に遅刻してしまった。

3. 体の調子が悪かったため、（　　　　）。

4. 事故のため、（　　　　）。

5. （　　　　）ため、家から出ることができなかった。

6. （　　　　）ため、（　　　　）。

예습이나 수업 중에 나온 단어를 적어보고, 다시 한번 복습해 보자.

| 韓国語 | 日本語 | 韓国語 | 日本語 | 韓国語 | 日本語 |
|--------|--------|--------|--------|--------|--------|
|        |        |        |        |        |        |
|        |        |        |        |        |        |
|        |        |        |        |        |        |
|        |        |        |        |        |        |
|        |        |        |        |        |        |
|        |        |        |        |        |        |
|        |        |        |        |        |        |
|        |        |        |        |        |        |
|        |        |        |        |        |        |
|        |        |        |        |        |        |

## 20課

우리들만의 수다방 수업에 들어가기 전에 하는 예습으로 자신의 아이디어를 일본어로 써보자. 다음 주제로 다양한 질문을 생각해서 이야기해 보자.

 私は〇〇恐怖症（きょうふしょう）です。
　例　あなたにとって怖いものは？あなたは何（なに）恐怖症ですか？

 血液型（けつえきがた）と性格（せいかく）の関係、信じるＶＳ信じない
　例　血液型占（うらな）いを信じますか？Ａ・Ｂ・Ｏ・ＡＢ型それぞれ一般的（いっぱんてき）にどういう人が多い
　　　と言われていますか？

 差別（さべつ）について
　例　あなたの周りにどんな差別があると思いますか？あなたが差別されたと感じた経験は？

 自分の子どもがいじめられたら。
　例　親として子どもに何をしてあげますか？親である自分にも責任（せきにん）があると思いますか？
　　　先生にも責任があると思いますか？

 自分の性格、積極的（せっきょくてき）ＶＳ消極的（しょうきょくてき）
　例　あなたの性格はどちらのタイプですか？また、何をするときに積極的／消極的になり
　　　ますか？

 面接（めんせつ）を受けた経験
　例　今までにどんな面接を受けましたか？されて困った質問は？失敗してしまった経験
　　　は？

# Day 20　수다거리 만들기

서로 이야기하면서 아래 문형표현에 맞게 문장을 만들어보자.

**～ついでに　＝　～するときに、別のこともする**

[명사] ～の ／ [동사] ～る・～た

**맛보기**　面接を受けに会社に行ったついでに、社内の雰囲気も見て来た。

1. 駅まで母を迎えに行くついでに、〔　　　　　〕。

2. 日本に旅行するついでに、〔　　　　　〕。

3. 近くに来たついでに、〔　　　　　〕。

4. コンビニに行くついでに、〔　　　　　〕。

5. 散歩のついでに、〔　　　　　〕。

6. 〔　　　　　〕ついでに、〔　　　　　〕。

## 나만의 노트

예습이나 수업 중에 나온 단어를 적어보고, 다시 한번 복습해 보자.

| 韓国語 | 日本語 | 韓国語 | 日本語 | 韓国語 | 日本語 |
|---|---|---|---|---|---|
| | | | | | |
| | | | | | |
| | | | | | |
| | | | | | |
| | | | | | |
| | | | | | |
| | | | | | |
| | | | | | |
| | | | | | |
| | | | | | |

# 어디가 틀린거지?

서로 이야기하면서 바른 일본어 또는 자연스러운 일본어로 고쳐보자.

1. 仕事でストレスをもらいました。

2. 友達が全部帰りました。

3. お腹が空いていたので、2つ全部食べてしまいました。

4. 去年に旅行で北海道に行きました。

5. 新しいアイディアを思い出しました。

6. 女きりでお酒を飲みに行きました。

7. 習ったばかりの単語が覚えません。

8. 犬に散歩させました。

9. 大丈夫な服ですね。

10. ごめんな気持ちになりました。

## 21課

우리들만의 수다방

수업에 들어가기 전에 하는 예습으로 자신의 아이디어를 일본어로 써보자.
다음 주제로 다양한 질문을 생각해서 이야기해 보자.

 ○○をするときに優柔不断になってしまいます。

> 例 あなたは優柔不断な性格ですか？あなたがすぐに決められずに迷ってしまうことは？

 ○○人は○○な人が多いという先入観

> 例 日本人はどんなイメージですか？他の国の人は？あなたの国の人は他の国からどう思われていると思いますか？

 お酒を飲んで失敗した経験

> 例 あなたはどんな失敗をしたことがありますか？誰かが酔っ払ってあなたに失礼なことを言った場合、許してあげますか？

私の部屋には○○がたくさんあります。

> 例 あなたの部屋にはどんなものがありますか？あなたの部屋はいつも整理されていますか？

 眠れないときにすること

> 例 眠れないときに、何をしますか？

 文化のちがいを感じた経験

> 例 旅行をしていて、自分の国とちがうと感じたことは？あいさつの仕方や食べ方であなたの国と外国とのちがいは？

# Day 21 수다거리 만들기

> 서로 이야기하면서 아래 문형표현에 맞게 문장을 만들어보자.

**❋ ~さ**　※ [程度]를 나타내는 명사

[い형용사] ~い／[な형용사] ~な

**맛보기**　何を決めるのにも時間がかかる彼の優柔不断さには呆れる。

1. 日本人の〔　　　　　〕さは、〔　　　　　〕。

2. 私の結婚相手の条件は〔　　　　　〕の〔　　　　　〕さです。

3. 〔　　　　　〕の〔　　　　　〕さには、感動しました。

4. あの人の〔　　　　　〕さには、あきれて物も言えない。

5. 私は〔　　　　　〕さに、弱いです。

6. 〔　　　　　〕の〔　　　　　〕さは、〔　　　　　〕。

예습이나 수업 중에 나온 단어를 적어보고,
다시 한번 복습해 보자.

| 韓国語 | 日本語 | 韓国語 | 日本語 | 韓国語 | 日本語 |
|---|---|---|---|---|---|
|  |  |  |  |  |  |
|  |  |  |  |  |  |
|  |  |  |  |  |  |
|  |  |  |  |  |  |
|  |  |  |  |  |  |
|  |  |  |  |  |  |
|  |  |  |  |  |  |
|  |  |  |  |  |  |
|  |  |  |  |  |  |
|  |  |  |  |  |  |

# Day 22

## 22課

우리들만의 수다방

수업에 들어가기 전에 하는 예습으로 자신의 아이디어를 일본어로 써보자. 다음 주제로 다양한 질문을 생각해서 이야기해 보자.

 世代のちがいを感じた経験

　例　年上／年下の人と話して、世代のちがいを感じた経験は？最近の小学生を見て、どんなことを感じますか？

 私は生まれつき〇〇です。

　例　あなたの子どもの頃から今まで変わらない性格は？小さい頃から得意だったことは？

 飲み会のとき、好きな人／嫌いな人が隣に座ったら。

　例　嫌いな人とでも楽しく話ができますか？仲良くなりたい人にはどうやって近づきますか？

 自分の〇〇なところが嫌いです。

　例　あなたの性格で直さなきゃいけないと思うところは？

 こういうタイプの人とは友達になれません。

　例　友達を選ぶときの重要なポイントは？どういう人が同性に好かれると思いますか？

 前は嫌いだったけど、今は好きになったもの／前は好きだったけど、今は嫌いになったもの

　例　それは何がきっかけで好き／嫌いになりましたか？大人になってから食べられるようになった食べ物は？

# Day 22 수다거리 만들기

서로 이야기하면서 아래 문형표현에 맞게 문장을 만들어보자.

❋ ない＋ざるを得ない　＝　〜しなければいけない

※ (예외)　する　→　せざるを得ない

**맛보기** 嫌いな上司でも、隣に座ったら、会話せざるを得ない。

1. 貯金が無くなってしまったので、〔　　　　　〕ざるを得ない。

2. 仕事がたまっているので、今夜は〔　　　　　〕ざるを得ない。

3. 彼女に新しい彼氏ができたので、〔　　　　　〕ざるを得ない。

4. もう大人になったんだから、〔　　　　　〕ざるを得ない。

5. 〔　　　　　〕ので、あきらめざるを得ない。

6. 〔　　　　　〕ので、〔　　　　　〕ざるを得ない。

나만의 노트

예습이나 수업 중에 나온 단어를 적어보고, 다시 한번 복습해 보자.

| 韓国語 | 日本語 | 韓国語 | 日本語 | 韓国語 | 日本語 |
|---|---|---|---|---|---|
|  |  |  |  |  |  |
|  |  |  |  |  |  |
|  |  |  |  |  |  |
|  |  |  |  |  |  |
|  |  |  |  |  |  |
|  |  |  |  |  |  |
|  |  |  |  |  |  |
|  |  |  |  |  |  |
|  |  |  |  |  |  |
|  |  |  |  |  |  |

# Day 23

**23課**

수업에 들어가기 전에 하는 예습으로 자신의 아이디어를 일본어로 써보자. 다음 주제로 다양한 질문을 생각해서 이야기해 보자.

 占い、信じるVS信じない
　例　あなたが信じる占いは？占いで自分の将来のことを決める人がいますが、あなたはどう思いますか？

 こんなずうずうしい人がいました。
　例　町中で見たずうずうしい人は？自分がしたことで、「少しずうずうしかったな」と反省していることは？

 ○○になら、お金をかけてももったいなくない。
　例　あなたは何にお金を使いますか？食費に多くのお金を費やすことをどう思いますか？

 赤ちゃん、男の子VS女の子
　例　可愛いと思うのはどっちですか？両方とも欲しい場合、どちらが先に生まれるといいと思いますか？

 初めてのデートについて
　例　一番気をつけなきゃいけないと思うことは？初めてデートしたときの思い出は？

 こんなプレゼントをもらって嬉しかった。
　例　今までにもらって嬉しかったプレゼントは？それは今でも大切に使っていますか？

## Day 23  수다거리 만들기

> 서로 이야기하면서 아래 문형표현에 맞게 문장을 만들어보자.

### ❋ ～まい ＝ 今後は～しない

[동사] 사전형　　※[2・3그룹 동사]는「～ます＋まい」도 가능하다

**맛보기**　もう初デートでメイド喫茶には行くまい。

**1**　あんな人とは、もう（　　　　　）まい。

**2**　もう（　　　　　）は使うまい。

**3**　（　　　　　）に行ったとき、もう（　　　　　）まいと思いました。

**4**　頭が痛い。もう（　　　　　）まい。

**5**　もう二度と（　　　　　）まい。

## 나만의 노트

예습이나 수업 중에 나온 단어를 적어보고,
다시 한번 복습해 보자.

| 韓国語 | 日本語 | 韓国語 | 日本語 | 韓国語 | 日本語 |
|--------|--------|--------|--------|--------|--------|
|   |   |   |   |   |   |
|   |   |   |   |   |   |
|   |   |   |   |   |   |
|   |   |   |   |   |   |
|   |   |   |   |   |   |
|   |   |   |   |   |   |
|   |   |   |   |   |   |
|   |   |   |   |   |   |
|   |   |   |   |   |   |
|   |   |   |   |   |   |

# 24課

**우리들만의 수다방**

수업에 들어가기 전에 하는 예습으로 자신의 아이디어를 일본어로 써보자.
다음 주제로 다양한 질문을 생각해서 이야기해 보자.

 見た目ＶＳ中身(なかみ)

> 例 彼氏／彼女を選(えら)ぶとき大切なのは？

 学生時代、〇〇が苦手(にがて)でした。

> 例 学生時代、苦手だった科目(かもく)は？苦手な科目も一生懸命(いっしょうけんめい)勉強しましたか？

 酒癖(さけぐせ)について

> 例 あなたはお酒を飲むとどうなりますか？あなたが迷惑(めいわく)だと思う酒癖は？

 つい見栄(みえ)を張(は)ってしまった経験

> 例 あなたが見栄を張ってしまった経験は？

 〇〇を貸(か)したけど、まだ返(かえ)ってきません。

> 例 友達に貸した物で、まだ返してもらっていない物は？

 「恋愛相手(れんあいあいて)＝結婚相手(けっこんあいて)」か。

> 例 恋愛相手と結婚相手は同じだと思いますか？どういうタイプの人が恋愛／結婚するのにいいと思いますか？

# Day 24 수다거리 만들기

> 서로 이야기하면서 아래 문형표현에 맞게 문장을 만들어보자.

❋ ~ます＋ようがない　＝　方法がないので、~できない

**맛보기** 酔っ払ってケータイを落としてしまい、もう見つけ**ようがない**。

1　突然引っ越してしまったので、〔　　　　　〕ようがない。

2　迷子の子どもが泣いているけど、〔　　　　　〕ので〔　　　　　〕ようがない。

3　パソコンがないので、〔　　　　　〕ようがない。

4　あの人はすぐに怒るので、〔　　　　　〕ようがない。

5　〔　　　　　〕ので、探しようがない。

6　〔　　　　　〕ので、〔　　　　　〕ようがない。

예습이나 수업 중에 나온 단어를 적어보고,
다시 한번 복습해 보자.

| 韓国語 | 日本語 | 韓国語 | 日本語 | 韓国語 | 日本語 |
|---|---|---|---|---|---|
|  |  |  |  |  |  |
|  |  |  |  |  |  |
|  |  |  |  |  |  |
|  |  |  |  |  |  |
|  |  |  |  |  |  |
|  |  |  |  |  |  |
|  |  |  |  |  |  |
|  |  |  |  |  |  |
|  |  |  |  |  |  |
|  |  |  |  |  |  |

## 25課

우리들만의 수다방

수업에 들어가기 전에 하는 예습으로 자신의 아이디어를 일본어로 써보자.
다음 주제로 다양한 질문을 생각해서 이야기해 보자.

 猫をかぶることについて
　例　あなたの身の回りで猫をかぶっている人はいますか？猫をかぶることは必要だと思いますか？

 ヘアースタイルについて
　例　昔のヘアースタイルは？してみたいヘアースタイルは？

 男女の友情は、成立するVS成立しない
　例　男女の友情は成立すると思いますか？異性の親友はいますか？

 海外に住んでいる知り合いについて
　例　その知り合いはどこの国に住んでいますか？その人とよく連絡を取っていますか？遊びに行った経験は？

 こんな親になりたい。
　例　将来どんな親になりたいと思いますか／思っていましたか？子どもは厳しく育てたいですか？自由に育てたいですか？

 音楽や映画の無料ダウンロードについて
　例　違法のサイトもありますが、あなたは利用しますか？社会的にどんな問題が起こると思いますか？

# Day 25 수다거리 만들기

> 서로 이야기하면서 아래 문형표현에 맞게 문장을 만들어보자.

❈ AとともにB ＝ Aしたあと、すぐにBする／AしながらBする／

AでもあるしBでもある

[명사] 直接接続 ／ [い형용사] 〜い

[な형용사] 〜である ／ [동사] 사전형

**맛보기** 彼女は海外で会社に勤めるとともに、自宅で翻訳の仕事もしている。

1. あの人は、 ( ) を卒業するとともに、( )。

2. 彼は会社を辞めるとともに ( )。

3. 日本での留学生活は、( ) とともに ( ) ものでもあった。

4. 朝起きるとともに ( ) します。

5. 彼女は ( ) でバイトするとともに ( )。

6. ( ) とともに ( )。

예습이나 수업 중에 나온 단어를 적어보고, 다시 한번 복습해 보자.

| 韓国語 | 日本語 | 韓国語 | 日本語 | 韓国語 | 日本語 |
|---|---|---|---|---|---|
| | | | | | |
| | | | | | |
| | | | | | |
| | | | | | |
| | | | | | |
| | | | | | |
| | | | | | |
| | | | | | |
| | | | | | |
| | | | | | |

# 어디가 틀린거지?

서로 이야기하면서 바른 일본어 또는 자연스러운 일본어로 고쳐보자.

1. このズボンは、日本に行ったときに、万円で買いました。

2. 土曜日の夜は知り合い人と会って食事をしました。

3. こんにちは。――はい、こんにちは。

4. 車を気をつけて帰ってください。

5. 料理ができないので、家にいるときは、ラーメンだけ食べません。

6. 紅しょうがは何ですか？

7. 明日の会議は大切だから、ぜひ出席しなくちゃいけないよ。

8. 母に駅まで車で迎えに来てと頼みされました。

9. はじめては寿司が食べられませんでした。

10. 今日はたくさん暑いですね。

# 26課

우리들만의 수다방

수업에 들어가기 전에 하는 예습으로 자신의 아이디어를 일본어로 써보자.
다음 주제로 다양한 질문을 생각해서 이야기해 보자.

 小さな子どもがインターネットをすること、賛成ＶＳ反対

> 例 子どもがインターネットを利用することに、どんな長所／短所があると思いますか？

 変わってしまったなぁと感じた人／もの

> 例 久しぶりに会ったら変わっていた友達はいますか？小さい頃住んでいた町は、今どのように変わりましたか？

 夏休みの計画／思い出について

> 例 次の夏休みにしたいことは？小さい頃、夏休みをどのように過ごしましたか？

 スランプについて

> 例 スランプになった経験は？スランプになったとき、どのようにしてスランプから脱出しましたか？

 １０年後／２０年後について

> 例 あなたはどうなっていると思いますか？世の中はどうなっていると思いますか？

 ○○は難しすぎて出来ませんでした。

> 例 難しすぎて挫折したことは？それにいつかまた挑戦したいと思いますか？

# Day 26 수다거리 만들기

> 서로 이야기하면서 아래 문형표현에 맞게 문장을 만들어보자.

❋ 〜ます＋だす ＝ 〜し始める

**맛보기** 夏休みが近いので、みんな飛行機を予約しだしてチケットがない。

1. 家を出ようとしたら、突然〔　　　　　〕だした。

2. 〔　　　　　〕がつまらなすぎて、お客さんたちが〔　　　　　〕だした。

3. 〔　　　　　〕、不真面目だった彼が猛勉強しだした。

4. 赤ちゃんが〔　　　　　〕だした。

5. 冗談のつもりで言ったのに、友達が〔　　　　　〕だした。

6. 〔　　　　　〕ので、〔　　　　　〕だした。

예습이나 수업 중에 나온 단어를 적어보고, 다시 한번 복습해 보자.

| 韓国語 | 日本語 | 韓国語 | 日本語 | 韓国語 | 日本語 |
|--------|--------|--------|--------|--------|--------|
|        |        |        |        |        |        |
|        |        |        |        |        |        |
|        |        |        |        |        |        |
|        |        |        |        |        |        |
|        |        |        |        |        |        |
|        |        |        |        |        |        |
|        |        |        |        |        |        |
|        |        |        |        |        |        |
|        |        |        |        |        |        |
|        |        |        |        |        |        |

# Day 27

**27課**

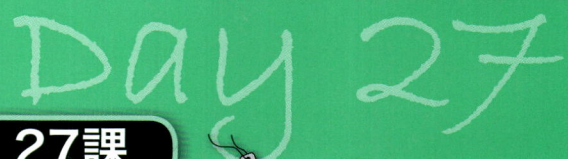

우리들만의 수다방

수업에 들어가기 전에 하는 예습으로 자신의 아이디어를 일본어로 써보자.
다음 주제로 다양한 질문을 생각해서 이야기해 보자.

 歳をとったなぁと感じる瞬間

> 例 どんなときに歳をとったと感じますか？歳をとることは良いことだと思いますか？悪いことだと思いますか？

 ○○が上手くなりました／下手になりました。

> 例 あなたが上手くなったことは？逆に以前は上手かったけど下手になってしまったことは？

 リサイクルについて

> 例 捨てずにリサイクルした方がいいと思うものは？あなたは何かリサイクルしていますか？

 こんなケチな人がいました。

> 例 あなたの身の回りにケチな人はいますか？ケチと節約のちがいは何だと思いますか？

 ○○がやめられません。

> 例 悪いと思っているけどしてしまうことは？健康には悪いけどしてしまうことは？

 ○○がマイブーム

> 例 あなたが今凝っていることは何ですか？あなたは流行に敏感なタイプですか？鈍感なタイプですか？

## Day 27 수다거리 만들기

> 서로 이야기하면서 아래 문형표현에 맞게 문장을 만들어보자.

### ❖ ～ずに ＝ ～ないで

[동사] ～ない　　※ (예외) する → せずに

**맛보기** 空き缶は捨てずにリサイクルしてください。

**1** 昨日の夜は本当に疲れていて、[　　　　　]ずに、いつの間にか寝てしまった。

**2** 彼は、働かずに、[　　　　　]ている。

**3** 昔の友達を偶然駅で見かけたのに、[　　　　　]ずに、[　　　　　]てしまった。

**4** 明日は早起きしなくていいので、[　　　　　]ずに、[　　　　　]ことができる。

**5** 来週から試験が始まるので、[　　　　　]ずに勉強しなければいけない。

**6** [　　　　　]ずに、[　　　　　]。

예습이나 수업 중에 나온 단어를 적어보고, 다시 한번 복습해 보자.

| 韓国語 | 日本語 | 韓国語 | 日本語 | 韓国語 | 日本語 |
|---|---|---|---|---|---|
| | | | | | |
| | | | | | |
| | | | | | |
| | | | | | |
| | | | | | |
| | | | | | |
| | | | | | |
| | | | | | |
| | | | | | |
| | | | | | |

## 28課

우리들만의 수다방

수업에 들어가기 전에 하는 예습으로 자신의 아이디어를 일본어로 써보자.
다음 주제로 다양한 질문을 생각해서 이야기해 보자.

 結婚すると女性の名字が変わることについて

> 例 ▶ もし自分の名字が変わったらどうですか？日本でも最近夫婦別姓がありますが、あなたは賛成ですか？反対ですか？

 旅行するのに一番良い人数

> 例 ▶ 何人で旅行するのが一番いいと思いますか？一人で旅行した経験は？

 テレビを見るとバカになる、Yes or No

> 例 ▶ 一日にどれくらいテレビを見ますか？長時間テレビを見ると頭が悪くなると言う人がいますが、あなたはどう思いますか？

 もし給料が同じなら、正社員ＶＳフリーター

> 例 ▶ あなたはどちらを選びますか？それぞれの良い点／悪い点は？

 食べるために生きるＶＳ生きるために食べる

> 例 ▶ あなたはどちらの考え方ですか？

 もし突然会社をリストラされたら／学校を退学になったら

> 例 ▶ あなたは何をしますか？

# Day 28　수다거리 만들기

> 서로 이야기하면서 아래 문형표현에 맞게 문장을 만들어보자.

* [명사] ＋ について　＝　〜に関して

**맛보기**　長時間テレビを見ることについて、どう思いますか？

1. あの大学教授は（　　　　　）について研究しています。

2. （　　　　　）についての質問はお答えできません。

3. 私は（　　　　　）については、何も知りません。

4. （　　　　　）についてどう思っているかを外国人に聞いてみたい。

5. （　　　　　）について、みなさんはどうお考えですか？

6. （　　　　　）について、（　　　　）。

예습이나 수업 중에 나온 단어를 적어보고, 다시 한번 복습해 보자.

| 韓国語 | 日本語 | 韓国語 | 日本語 | 韓国語 | 日本語 |
|---|---|---|---|---|---|
|  |  |  |  |  |  |
|  |  |  |  |  |  |
|  |  |  |  |  |  |
|  |  |  |  |  |  |
|  |  |  |  |  |  |
|  |  |  |  |  |  |
|  |  |  |  |  |  |
|  |  |  |  |  |  |
|  |  |  |  |  |  |
|  |  |  |  |  |  |

# 29課

**우리들만의 수다방**
수업에 들어가기 전에 하는 예습으로 자신의 아이디어를 일본어로 써보자.
다음 주제로 다양한 질문을 생각해서 이야기해 보자.

 自分の生活を楽しくするために○○をしています。
- 例 どんな生活が楽しい生活だと思いますか？生活を楽しくするために、あなたがしていることは？

 自分の長所／短所
- 例 自分の長所／短所を聞かれたら何と答えますか？自分の短所を直すために何をしていますか？

 亭主関白VSかかあ天下
- 例 どちらが良いと思いますか？あなたは結婚後どちらのタイプの夫婦になると思いますか？両親はどちらのタイプの夫婦ですか？

 学生時代にがんばったこと
- 例 学生時代にがんばったことは何ですか？学生時代にがんばったことは今も役に立っていますか？

 一ヶ月の長期休暇があったら、○○をします。
- 例 一ヶ月の長期休暇が取れたら、何をして過ごしますか？

 こんなずるい人がいました。
- 例 あなたの周りにはどんなずるい人がいますか？どんな人がずるいと思いますか？

## Day 29 수다거리 만들기

> 서로 이야기하면서 아래 문형표현에 맞게 문장을 만들어보자.

❋ AにつれてB ＝ Aになると段々Bになる

A ＝ [명사] 〜になる ／ [い형용사] 〜くなる
　　 [な형용사] 〜になる ／ [동사] 사전형

B ＝ [명사] 〜になる ／ [い형용사] 〜くなる
　　 [な형용사] 〜になる
　　 [동사] 변화를 나타내지 않는 동사의 경우는 「ようになる」를 접속

**맛보기** 結婚して時間が経つにつれて、優しかった妻が権力を握るようになった。

1. 暗くなるにつれて（　　　　　　　）。

2. 今の生活リズムに慣れるにつれて、（　　　　　　　）。

3. 日本語が上手くなるにつれて、（　　　　　　　）。

4. 年をとるにつれて、（　　　　　　　）。

5. 会う機会が増えるにつれて、（　　　　　　　）。

6. （　　　　　　　）につれて、（　　　　　　　）。

예습이나 수업 중에 나온 단어를 적어보고, 다시 한번 복습해 보자.

| 韓国語 | 日本語 | 韓国語 | 日本語 | 韓国語 | 日本語 |
|---|---|---|---|---|---|
|  |  |  |  |  |  |
|  |  |  |  |  |  |
|  |  |  |  |  |  |
|  |  |  |  |  |  |
|  |  |  |  |  |  |
|  |  |  |  |  |  |
|  |  |  |  |  |  |
|  |  |  |  |  |  |
|  |  |  |  |  |  |
|  |  |  |  |  |  |

# Day 30

**30課**

우리들만의 수다방 — 수업에 들어가기 전에 하는 예습으로 자신의 아이디어를 일본어로 써보자. 다음 질문로 다양한 질문을 생각해서 이야기해 보자.

### 割り勘VSおごり
**例** いくらまでなら自分がおごりますか？デートする度に男性がおごるカップルをどう思いますか？

### 私のこだわり
**例** あなたのこだわりは何ですか？買い物をするときに、店やブランドにこだわりはありますか？

### 禁煙の方法
**例** 禁煙したがっている人にオススメする禁煙方法は？タバコを吸っている人は、今までに禁煙しようと思ったことはありますか？

### 小さいことだけど気になってしまうこと
**例** 他の人は気にしていないけど、あなたは気になってしまうということは？

### あなたの周りで裏表がある人
**例** 会社や学校などで、性格に裏表があって嫌いな人はいますか？

### すごく慌ててしまった経験
**例** 慌ててしまった経験は？慌てたときでも、あなたはちゃんと行動出来ますか？

# Day 30 수다거리 만들기

> 서로 이야기하면서 아래 문형표현에 맞게 문장을 만들어보자.

❋ ～さえ ＝ ～すら ※但し、「すら」は [条件]を表す節中では使えない。
（例） 彼さえいれば（○）　彼すらいれば（×）

[명사] 直接接続 ／ [동사] ～こと

**맛보기** 彼氏が全て払うから、彼女のブランド物の財布には、小銭さえ入っていない。

1. 緊張しすぎて、_____さえできなかった。

2. 彼はすごく腹が立ったようで、_____さえ_____ないで帰ってしまった。

3. 交通事故に遭って以来、_____さえできなくなってしまった。

4. _____にびっくりして、_____さえ_____。

5. 仕事を始めた頃は、_____さえできなくて、しょっちゅう上司に怒られていた。

6. _____さえ_____。

예습이나 수업 중에 나온 단어를 적어보고, 다시 한번 복습해 보자.

| 韓国語 | 日本語 | 韓国語 | 日本語 | 韓国語 | 日本語 |
|---|---|---|---|---|---|
|   |   |   |   |   |   |
|   |   |   |   |   |   |
|   |   |   |   |   |   |
|   |   |   |   |   |   |
|   |   |   |   |   |   |
|   |   |   |   |   |   |
|   |   |   |   |   |   |
|   |   |   |   |   |   |
|   |   |   |   |   |   |
|   |   |   |   |   |   |

# 어디가 틀린거지!?

서로 이야기하면서 바른 일본어 또는 자연스러운 일본어로 고쳐보자.

1. 朝ごはんを食べないで、お腹が空きました。

2. もし日本に行くと、お土産を買ってきてください。

3. もし、英語が話せますか？

4. 先生、お疲れ様でした。(수업이 끝날 때)

5. 家がどこですか？

6. 今日は夜10時まで帰らなければいけません。

7. ありがとうございました。　── いえいえ、私がありがとうございました。

8. 彼は高校生のとき、班長でした。

9. 頭が痛いので、薬を食べました。

10. 私はお金持ちもないし、貧乏もないです。

# Day 31

## 31課

우리들만의 수다방

수업에 들어가기 전에 하는 예습으로 자신의 아이디어를 일본어로 써보자.
다음 주제로 다양한 질문을 생각해서 이야기해 보자.

 試験勉強、一夜漬けＶＳ計画的

例 学生時代、試験勉強はどのくらい前から始めていましたか？一夜漬けしてもいいと思う科目は？

 小さい頃、○○に夢中でした。

例 あなたが小学生の頃夢中になったことは？中学生、高校生の頃は？

 お小遣いについて

例 小さい頃、いくらくらいお小遣いをもらっていましたか？自分の子どもには、いくらくらいお小遣いをあげればいいと思いますか？

 自分の性格、楽観的ＶＳ悲観的

例 あなたの性格はどちらだと思いますか？どんなことに関して、楽観的／悲観的ですか？

 国際結婚、賛成ＶＳ反対

例 国際結婚の良い点／悪い点は？国際結婚をして苦労しそうだと思うことは？両親は賛成してくれると思いますか？

 もし生まれ変わるとしたら、男ＶＳ女

例 もし生まれ変わるとしたら、どちらになりたいですか？男の人生と女の人生はどのような違いがあると思いますか？

# Day 31 수다거리 만들기

서로 이야기하면서 아래 문형표현에 맞게 문장을 만들어보자.

❖ ( A に) B てもらいたい

= AがBしてくれたらうれしい

A = [명사]

B = [동사]〜て

**맛보기** 娘には国際結婚しないで、ずっと近くにいてもらいたい。

1. お腹が空いたので、[　　　　　]てもらいたいんですが。

2. 足が痛いので、[　　　　　]てもらいたいです。

3. せっかく会えたんだから、[　　　　　]てもらいたかったです。

4. 忘れ物してしまったので、[　　　　　]てもらえませんか？

5. 急に忙しくなってしまったので、[　　　　　]てもらえませんか。

6. [　　　　　]に[　　　　　]てもらいたいです。

**나만의 노트**

예습이나 수업 중에 나온 단어를 적어보고, 다시 한번 복습해 보자.

| 韓国語 | 日本語 | 韓国語 | 日本語 | 韓国語 | 日本語 |
|---|---|---|---|---|---|
| | | | | | |
| | | | | | |
| | | | | | |
| | | | | | |
| | | | | | |
| | | | | | |
| | | | | | |
| | | | | | |
| | | | | | |

## 32課

**우리들만의 수다방** 수업에 들어가기 전에 하는 예습으로 자신의 아이디어를 일본어로 써보자.
다음 주제로 다양한 질문을 생각해서 이야기해 보자.

 ○○に憧れています。
> 例 小さい頃、あなたが憧れていた人／ものは？今あなたが憧れている人／ものは？

 理想と現実のギャップを感じた経験
> 例 現実は厳しいと感じたことは？出来そうだと思ったら、意外と難しかったことは？面白そうだと思ったら、つまらなかったことは？

 彼氏／彼女／結婚相手、モテる人ＶＳモテない人
> 例 相手にするなら、どちらがいい？もてない人の方がいいと思う人もいますが、なぜだと思いますか？実際のあなたの相手はどちら？

 外国人の彼氏／彼女を作るなら、○○の人
> 例 どこの国の彼氏／彼女が欲しい？言葉の問題はどうしますか？今までに外国人と恋愛をしたことがありますか？

 希望の子どもの人数
> 例 子どもは何人くらい欲しいですか？一人っ子の良い点は／悪い点は？子だくさんの良い点／悪い点は？

 地球最後の日、○○をして過ごします。
> 例 地球最後の日にしたいと思うことは？地球が滅亡する理由は何だと思いますか？

# Day 32　수다거리 만들기

> 서로 이야기하면서 아래 문형표현에 맞게 문장을 만들어보자.

❋　[　A　] っぱなし　=　～たまま

　A = [동사] ～ます

**맛보기**　火事が起きたとき、ドアを開けっぱなしで逃げた。

1. [　　　　　　] を置きっぱなしにしていたら、[　　　　　　] てしまった。

2. コンタクトレンズを [　　　　　　] っぱなしにして寝たら、[　　　　　　]。

3. 水を [　　　　　　] っぱなしにしていたら、[　　　　　　]。

4. 窓を [　　　　　　] っぱなしにしていたら、[　　　　　　]。

5. 電気を [　　　　　　] っぱなしにして、[　　　　　　] てしまった。

6. [　　　　　　] っぱなしにして、[　　　　　　]。

## 나만의 노트

예습이나 수업 중에 나온 단어를 적어보고, 다시 한번 복습해 보자.

| 韓国語 | 日本語 | 韓国語 | 日本語 | 韓国語 | 日本語 |
|--------|--------|--------|--------|--------|--------|
|        |        |        |        |        |        |
|        |        |        |        |        |        |
|        |        |        |        |        |        |
|        |        |        |        |        |        |
|        |        |        |        |        |        |
|        |        |        |        |        |        |
|        |        |        |        |        |        |
|        |        |        |        |        |        |
|        |        |        |        |        |        |
|        |        |        |        |        |        |

## 33課

우리들만의 수다방 | 수업에 들어가기 전에 하는 예습으로 자신의 아이디어를 일본어로 써보자. 다음 주제로 다양한 질문을 생각해서 이야기해 보자.

 今になって後悔していること

例 小さい頃、しておけばよかったと後悔していることは？将来後悔しないために、今していることは？

 ○○をしている時が一番幸せです。

例 自分が幸せだと感じるのはいつですか？幸せだと思う人はどんな人ですか？

 もう二度と行きたくない場所

例 もう二度と行きたくないと思った食べ物屋は？もう旅行したくないと思った場所は？

 家にゴキブリが出たら

例 家にゴキブリが出たら、どうしますか？家族の誰が退治しますか？退治する方法は？

 忘れ物について

例 忘れ物をして困った経験は？忘れ物をしないためには、どんな予防策がありますか？

 泣いてしまった経験

例 最近泣いたのはいつですか？悲しくて泣くことが多いですか？感動して泣くことが多いですか？

# Day 33 수다거리 만들기

> 서로 이야기하면서 아래 문형표현에 맞게 문장을 만들어보자.

❋ A あまり、 B
= A すぎて B になってしまった　　　※ B ＝悪い結果

A ＝ [명사] ～である ／ [い형용사] ～い
　　　[な형용사] ～な ／ [동사] 보통형

**맛보기** 急ぎすぎたあまり、忘れ物をたくさんしてしまった。

**1** 会社を あまり、 てしまった。

**2** あまり、友達がいなくなってしまった。

**3** 彼は真面目すぎたあまり、 。

**4** あの人は働きすぎたあまり、 。

**5** 彼女はいろいろと考えすぎたあまり、 。

**6** あまり、大きなミスを犯してしまった。

**7** あまり、 。

예습이나 수업 중에 나온 단어를 적어보고, 다시 한번 복습해 보자.

| 韓国語 | 日本語 | 韓国語 | 日本語 | 韓国語 | 日本語 |
|---|---|---|---|---|---|
| | | | | | |
| | | | | | |
| | | | | | |
| | | | | | |
| | | | | | |
| | | | | | |
| | | | | | |
| | | | | | |
| | | | | | |

# Day 34

**34課**

우리들만의 수다방

수업에 들어가기 전에 하는 예습으로 자신의 아이디어를 일본어로 써보자.
다음 주제로 다양한 질문을 생각해서 이야기해 보자.

 ○○はもうやめたい。
例▶ あなたが今していることで、もうやめたいと思っていることは？やめたいけど、やめられないことは？

 こんなプレゼントをもらって困った。
例▶ 今までにもらったプレゼントで、もらって困ったものは？要(い)らないプレゼントはどうしますか？

 ニュースを見るなら、新聞VSインターネット
例▶ ニュースを見るとき、どちらで見ますか？それぞれの良い点／悪い点は？

 食事に関して気をつけていること
例▶ 健康(けんこう)のために、食べるように／食べないように気をつけているものは？夜中にお腹が空いたら、食べますか？我慢(がまん)しますか？

 できちゃった結婚について
例▶ あなたはできちゃった結婚について、肯定派(こうていは)？否定派(ひていは)？もし望(のぞ)まない妊娠(にんしん)をしたら／させたら、どうしますか？

 ○○のとき、とても緊張(きんちょう)しました。
例▶ あなたの緊張した経験は？あなたは緊張したら、どうなりますか？

# Day 34  수다거리 만들기

서로 이야기하면서 아래 문형표현에 맞게 문장을 만들어보자.

❋   A  は  B  ものだ   =   Aは一般的にBする

A = [명사]
B = [동사] 사전형・ない형

**맛보기**   人前(ひとまえ)に出ると、誰(だれ)でも初(はじ)めは緊張(きんちょう)するものだ。

1. 小さな子どもは [　　　　] ものだ。

2. 時間は [　　　　] ものだ。

3. 先生は [　　　　] ものだ。

4. お金は [　　　　] ものだ。

5. 大人は [　　　　] ものだ。

6. [　　　　] は [　　　　] ものだ。

예습이나 수업 중에 나온 단어를 적어보고,
다시 한번 복습해 보자.

| 韓国語 | 日本語 | 韓国語 | 日本語 | 韓国語 | 日本語 |
|---|---|---|---|---|---|
| | | | | | |
| | | | | | |
| | | | | | |
| | | | | | |
| | | | | | |
| | | | | | |
| | | | | | |
| | | | | | |
| | | | | | |

# Day 35

**35課**

우리들만의 수다방 — 수업에 들어가기 전에 하는 예습으로 자신의 아이디어를 일본어로 써보자. 다음 주제로 다양한 질문을 생각해서 이야기해 보자.

〇〇はうるさすぎて我慢(がまん)できない。
> 例　あなたの周りでうるさい人は？うるさすぎて行きたくない場所は？

ブランド品について
> 例　商品(しょうひん)を選ぶとき、ブランド名を気にしますか？高級(こうきゅう)なブランド品を持つことの良い点は？

私は〇〇な子どもでした。
> 例　あなたはどんな子どもでしたか？両親から聞いたあなたの子どもの頃のエピソードは？

一ヶ所(いっかしょ)に定住(ていじゅう)VS何度も引越(ひっこ)しする
> 例　どちらの人生の方が良いと思いますか？あなたの引越しの経験は？それぞれの良い点／悪い点は？

ケンカについて
> 例　友達／両親とケンカした経験は？ケンカしたら、自分から謝(あやま)りますか？相手が謝ってくるのを待ちますか？

私は〇〇に詳(くわ)しいです。
> 例　あなたが他の人よりも詳しく知っていることは？あなたが詳しくなりたいと思うことは？

# Day 35 수다거리 만들기

서로 이야기하면서 아래 문형표현에 맞게 문장을 만들어보자.

✿ [동사의 て형] + おく = 準備で～をする

**맛보기** 引越しする前日に、送る荷物をダンボール箱に入れておいた。

1. 試験が近いので、〔　　　　　　〕ておかなければいけません。

2. 久しぶりに運動するのに、〔　　　　　　〕ておかなかったから、〔　　　　　〕。

3. 友達が家に来ると言うので、〔　　　　　　〕ておきました。

4. 明日の会議のために、〔　　　　　　〕ておかなければいけません。

5. 〔　　　　　　〕ておいたのに、うまくいかなかった。

6. 〔　　　　　　〕ので、〔　　　　　　〕ておきました。

예습이나 수업 중에 나온 단어를 적어보고,
다시 한번 복습해 보자.

| 韓国語 | 日本語 | 韓国語 | 日本語 | 韓国語 | 日本語 |
|---|---|---|---|---|---|
| | | | | | |
| | | | | | |
| | | | | | |
| | | | | | |
| | | | | | |
| | | | | | |
| | | | | | |
| | | | | | |
| | | | | | |
| | | | | | |

# 어디가 틀린거지?

서로 이야기하면서 바른 일본어 또는 자연스러운 일본어로 고쳐보자.

1. 彼は再修生なので、毎日朝から夜まで勉強しています。

2. どこかから変なにおいが出ます。

3. 泥棒に入られたので、警察に申告しました。

4. 学校に奨学金をもらいました。

5. 子どもが友達にいじめされました。

6. 犯人が警察につかまれました。

7. 無くした鍵をやっと探しました。

8. 試験、よく受けましたか？

9. 日本で友達が遊びに来ます。

10. 一人ではできないので、友達に手伝いをもらいました。

# Day 36

## 36課

우리들만의 수다방

수업에 들어가기 전에 하는 예습으로 자신의 아이디어를 일본어로 써보자.
다음 주제로 다양한 질문을 생각해서 이야기해 보자.

 先生について

　例　今までに出会った先生で、印象に残っている先生は？先生に褒められた／怒られた経験は？

 ○○を失くしちゃいました。

　例　今までにどこかで失くしてしまったものは？絶対に失くしたくないものは？

 インドア派ＶＳアウトドア派

　例　あなたはどちらのタイプですか？休日の過ごし方は？

 怒った経験

　例　最近腹が立ったことは何ですか？あなたは怒ったらどうなりますか？

 他人の悪いところ、本人に言うＶＳ言わない

　例　あなたはどちらですか？あなたの周りで直して欲しいところがある人は？

 UFO／宇宙人、信じるＶＳ信じない

　例　あなたはどちらですか？ＵＦＯや宇宙人に関して、どんな話を聞いたことがありますか？

# Day 36 수다거리 만들기

> 서로 이야기하면서 아래 문형표현에 맞게 문장을 만들어보자.

* [　　A　　] ふりをする ＝ うそで〜の演技をする

  A = [명사] 〜の ／ [い형용사] 〜い
  　　[な형용사] 〜な ／ [동사] 보통형

**맛보기** ケンカはしたくなかったので、我慢して怒っていないふりをした。

1. 嫌いな人に偶然会ってしまい、[　　　　　]ふりをした。

2. 先生に怒られそうになった時、[　　　　　]ふりをした。

3. 街中で転んでしまったが、[　　　　　]ふりをした。

4. 酔っ払ったふりをして、[　　　　　]。

5. 山で熊に遭遇したら、[　　　　　]ふりをすると助かる可能性が高いらしい。

6. [　　　　　]とき、[　　　　　]ふりをして、[　　　　　]。

## 나만의 노트

예습이나 수업 중에 나온 단어를 적어보고, 다시 한번 복습해 보자.

| 韓国語 | 日本語 | 韓国語 | 日本語 | 韓国語 | 日本語 |
|---|---|---|---|---|---|
|  |  |  |  |  |  |
|  |  |  |  |  |  |
|  |  |  |  |  |  |
|  |  |  |  |  |  |
|  |  |  |  |  |  |
|  |  |  |  |  |  |
|  |  |  |  |  |  |
|  |  |  |  |  |  |
|  |  |  |  |  |  |
|  |  |  |  |  |  |

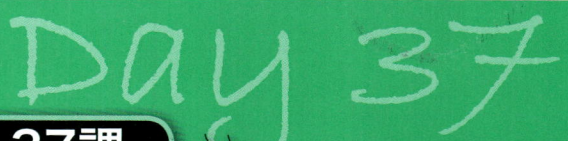

## 37課

우리들만의 수다방

수업에 들어가기 전에 하는 예습으로 자신의 아이디어를 일본어로 써보자. 다음 주제로 다양한 질문을 생각해서 이야기해 보자.

 久しぶりに〇〇をしました。

　例　ずっとやっていなくて久しぶりにしたことは何ですか？久しぶりにやってみてどうでしたか？

 人間はいつからおじさん／おばさんになるか。

　例　人間はいつからおじさん／おばさんになると思いますか？自分がおじさん／おばさんっぽいことをしてしまったなぁと感じた経験は？

 〇〇は私の国が世界一です。

　例　あなたの国が世界一だと思うことは何ですか？他の国の人に自慢できることは何ですか？

 怖い思いをした経験

　例　あなたはどんな怖い体験をしたことがありますか？あなたが聞いたことがある怖い話は？

 嫌いな人からもらったもの、使うＶＳ使わない

　例　嫌いな人からもらったものは使いますか？使いませんか？

 人の幸福／不幸について

　例　人の幸福を一緒に喜ぶことができますか？人の不幸を一緒に悲しむことができますか？どんな人が羨ましいですか？

# Day 37 수다거리 만들기

서로 이야기하면서 아래 문형표현에 맞게 문장을 만들어보자.

❋ [동사 사전형] + べきだ = 当然〜しなければいけない

**맛보기** 嫌(きら)いな人でも、ちゃんと挨拶(あいさつ)するべきだ。

1. 友達なんだから、（　　　　　）べきだ／べきじゃない。

2. 大人なら、（　　　　　）べきだ／べきじゃない。

3. 若い時に、（　　　　　）べきだ／べきじゃない。

4. 学生は、（　　　　　）べきだ／べきじゃない。

5. 両親には、（　　　　　）べきだ／べきじゃない。

6. （　　　　　）なら、（　　　　　）べきだ／べきじゃない。

예습이나 수업 중에 나온 단어를 적어보고, 다시 한번 복습해 보자.

| 韓国語 | 日本語 | 韓国語 | 日本語 | 韓国語 | 日本語 |
|---|---|---|---|---|---|
| | | | | | |
| | | | | | |
| | | | | | |
| | | | | | |
| | | | | | |
| | | | | | |
| | | | | | |
| | | | | | |
| | | | | | |
| | | | | | |

# 38課

우리들만의 수다방 수업에 들어가기 전에 하는 예습으로 자신의 아이디어를 일본어로 써보자.
다음 주제로 다양한 질문을 생각해서 이야기해 보자.

 私の好きな場所／思い出の場所

例▶ 小さい頃よく遊んだ場所は？初めてデートした思い出の場所は？

 外食ＶＳ自炊

例▶ 食事するならどちらがいいですか？あなたは一人で外食することを恥ずかしいと感じますか？

 家庭ＶＳ仕事

例▶ どちらを優先しますか？小さい頃、あなたのご両親はどちらを大切にしているように見えましたか？

 私は〇〇に厳しい／甘いです。

例▶ あなたは何に厳しい／甘いですか？あなたは他人に厳しいタイプですか？それとも自分に厳しいタイプですか？

 私の好きな／嫌いな言葉

例▶ あなたの好きな／嫌いな言葉は？その言葉は誰の言葉ですか？

 〇〇に謝りたい。

例▶ あなたが今謝りたいと思っていることは？誰に対して謝りたいですか？

# Day 38 수다거리 만들기

> 서로 이야기하면서 아래 문형표현에 맞게 문장을 만들어보자.

* [ A ] おかげで [ B ]　　A＝原因　B＝結果

※Aへの感謝の気持ちを表す

A ＝ [명사] 〜の・である ／ [い형용사] 〜い
　　　[な형용사] 〜な・である ／ [동사] 보통형

**맛보기** 友達の優しい一言のおかげで、ショックから立ち直りました。

1. 日本語を勉強しているおかげで、[　　　　]。

2. [　　　　]おかげで、ここのところ体調がすごく良い。

3. 両親のおかげで、[　　　　]。

4. [　　　　]おかげで、心が楽になった。

5. 先生のおかげで、[　　　　]。

6. [　　　　]おかげで、[　　　　]。

예습이나 수업 중에 나온 단어를 적어보고,
다시 한번 복습해 보자。

| 韓国語 | 日本語 | 韓国語 | 日本語 | 韓国語 | 日本語 |
|---|---|---|---|---|---|
| | | | | | |
| | | | | | |
| | | | | | |
| | | | | | |
| | | | | | |
| | | | | | |
| | | | | | |
| | | | | | |
| | | | | | |

**39課**

우리들만의 수다방

수업에 들어가기 전에 하는 예습으로 자신의 아이디어를 일본어로 써보자.
다음 테마로 다양한 질문을 생각해서 이야기 해보자.

 お見合い結婚について

> 例 お見合いしたことはありますか？お見合い結婚と恋愛結婚、どちらがいいと思いますか？

 仕事、一人でするＶＳみんなでする

> 例 あなたの今の仕事はどちらのタイプですか？それぞれの良い点／悪い点は？

 時間が経つのが速い／遅いと感じた経験

> 例 どんなことをしているとき、時間が経つのが速い／遅いと感じますか？去年一年間は短かったと感じますか？長かったと感じますか？

 結婚後仕事を、続けるＶＳ辞める

> 例 結婚したら仕事をどうしたいですか？奥さんには外で働いてほしいですか？専業主婦になってほしいですか？子どもができたら？

 パニックになった経験

> 例 あなたがパニックになってしまった経験は？パニックに陥った時、どうやって心を落ち着かせますか？

 死ぬまでに一度はしてみたいこと

> 例 あなたが死ぬまでに一度はしてみたいことは何ですか？それを何歳くらいでしたいですか？

# Day 39 수다거리 만들기

서로 이야기하면서 아래 문형표현에 맞게 문장을 만들어보자.

* A だけに B

= やはりAだから、予想通りBだ

A = [명사] 〜(な)・である ／ [い형용사] 〜い
[な형용사] 〜な・である ／ [동사] 보통형

**맛보기** 彼女は主婦だけに、料理をする時に、家族の健康を第一に考えている。

**1** 彼女はスポーツをやっているだけに〔　　　　　〕。

**2** あの人は大学教授だけに、〔　　　　　〕。

**3** 彼は芸術家だけに、〔　　　　　〕。

**4** 〔　　　　　〕は、毎日勉強しているだけに〔　　　　　〕。

**5** 彼は有名なだけに、〔　　　　　〕。

**6** 〔　　　　　〕は、〔　　　　　〕だけに、〔　　　　　〕。

예습이나 수업 중에 나온 단어를 적어보고,
다시 한번 복습해 보자.

| 韓国語 | 日本語 | 韓国語 | 日本語 | 韓国語 | 日本語 |
|---|---|---|---|---|---|
| | | | | | |
| | | | | | |
| | | | | | |
| | | | | | |
| | | | | | |
| | | | | | |
| | | | | | |
| | | | | | |
| | | | | | |
| | | | | | |

# Day 40

### 40課

> 우리들만의 수다방
> 
> 수업에 들어가기 전에 하는 예습으로 자신의 아이디어를 일본어로 써보자.
> 다음 주제로 다양한 질문을 생각해서 이야기해 보자.

〇〇する時間がもったいない。
> 例 時間がもったいないと感じることは？逆に、いくら時間をかけてももったいなくないと感じることは？

好きなものからVS嫌いなものから
> 例 食べ物を食べるときはどちらから食べますか？仕事するときはどちらからしますか？

親譲りだと思うこと／思わないこと
> 例 あなたとあなたのご両親とで、似ている／似ていないのはどんなところですか？

昔の人を羨ましいと思うこと
> 例 おじいさん／おばあさんに昔の話を聞いて、羨ましいと思うことは？１００年前／１０００年前の人を羨ましいと思うことは？

年上の後輩がタメ口、怒るVS許す
> 例 年上の後輩がタメ口で話しかけてきたら、怒りますか？許しますか？あなたは年下の先輩とは、どのように接しますか？

タバコについて
> 例 タバコで迷惑した経験は？タバコがいくら以上だったら吸うのを辞めますか？

## Day 40  수다거리 만들기

서로 이야기하면서 아래 문형표현에 맞게 문장을 만들어보자.

* [명사] + もいれば(あれば)、[명사] + もいる(ある)

  = 〜もいる(ある)し、〜もいる(ある)

**맛보기** 私には、父と似ている部分もあれば、全然似ていない部分もある。

1. このクラスには [　　　　　] もいれば、[　　　　　] もいる。

2. 私の友達の中には、[　　　　　] もいれば、[　　　　　] もいる。

3. スーパーには、[　　　　　] もあれば (いれば)、[　　　　　] もある (いる)。

4. 世の中には、[　　　　　] もいれば(あれば)、[　　　　　] もいる(ある)。

5. [　　　　　] には [　　　　　] もいれば(あれば)、[　　　　　] もいる(ある)。

나만의 노트

예습이나 수업 중에 나온 단어를 적어보고, 다시 한번 복습해 보자.

| 韓国語 | 日本語 | 韓国語 | 日本語 | 韓国語 | 日本語 |
|---|---|---|---|---|---|
| | | | | | |
| | | | | | |
| | | | | | |
| | | | | | |
| | | | | | |
| | | | | | |
| | | | | | |
| | | | | | |
| | | | | | |
| | | | | | |

## 어디가 틀린거지?

서로 이야기하면서 바른 일본어 또는 자연스러운 일본어로 고쳐보자.

1. 多い人が中国語を勉強しています。

2. 小さい頃から勉強が上手でした。

3. 私の家は住宅です。

4. 学点が足りないと、大学を卒業できません。

5. 今ごろよく忘れ物をします。

6. 洋服のサイズが当たりません。

7. 朝のラッシュの時間は電車が複雑します。

8. 彼女は今まで怒っています。

9. 彼の本当の気持ちが分かりたいです。

10. 家に帰って、洗って寝ました。

# Day 41

**41課**

수업에 들어가기 전에 하는 예습으로 자신의 아이디어를 일본어로 써보자. 다음 주제로 다양한 질문을 생각해서 이야기해 보자.

 男が女を家まで送ることについて

> 例 デートの後、男が女を家まで送ったら、うれしいですか？それとも迷惑ですか？

 一年中夏ＶＳ一年中冬

> 例 あなたはどちらの場所に住みたいですか？それぞれどんなことに困りそうですか？

 マンションＶＳ一戸建て

> 例 将来どちらに住みたいですか？それぞれの良い点／悪い点は？

 私の食わず嫌い

> 例 あなたの食わず嫌いは何ですか？子どもの頃は嫌いだったけど、大人になって好きになった食べ物は？

 初めて〇〇した経験

> 例 それを初めて体験したとき、どういう感想を持ちましたか？

 こんな親父くさい人がいました。

> 例 あなたの周りに親父くさい行動をする人がいますか？街や電車の中で親父くさい人を見たことがありますか？

# Day 41 수다거리 만들기

서로 이야기하면서 아래 문형표현에 맞게 문장을 만들어보자.

* A だけでなく、 B

= Aはもちろん、Bもだ

A = [명사] 直接接続・である ／ [い형용사] 〜い
　　[な형용사] 〜な・である ／ [동사] 보통형

**맛보기** 彼は彼女とデートをする度(たび)に、家まで送(おく)るだけでなく、プレゼントまであげる。

1. 私は日本語だけでなく、_____。

2. 主婦(しゅふ)は、_____だけでなく、_____。

3. 父は、_____だけでなく、_____。

4. うちの会社／学校は、_____だけでなく、_____。

5. 新入社員(しんにゅうしゃいん)／新入生(しんにゅうせい)は、_____だけでなく、_____。

6. _____は、_____だけでなく、_____。

예습이나 수업 중에 나온 단어를 적어보고, 다시 한번 복습해 보자.

| 韓国語 | 日本語 | 韓国語 | 日本語 | 韓国語 | 日本語 |
|---|---|---|---|---|---|
| | | | | | |
| | | | | | |
| | | | | | |
| | | | | | |
| | | | | | |
| | | | | | |
| | | | | | |
| | | | | | |
| | | | | | |
| | | | | | |

# 42課

우리들만의 수다방 — 수업에 들어가기 전에 하는 예습으로 자신의 아이디어를 일본어로 써보자. 다음 테마로 다양한 질문을 생각해서 이야기 해보자.

〇〇にはもう飽きました。

> 例 あなたがもう飽きてしまったことは何ですか？

〇〇を盗まれてしまいました。

> 例 あなたが今までに盗まれてしまったものは？あなたの家は泥棒に入られたことがありますか？

努力で自分の性格を、変えられるＶＳ変えられない

> 例 努力すれば性格は変わると思いますか？あなたの周りで性格が変わったと思う人はいますか？

〇〇で眠気解消

> 例 眠いとき、どのようにして眠気を解消しますか？あなたがすぐに眠くなってしまうのは何をしている時ですか？

家に一人でいる時、〇〇をして過ごします。

> 例 家に一人でいる時、何をして過ごしますか？子どもの頃、家で遊ぶのと外で遊ぶのとでは、どちらの方が好きでしたか？

学生時代、先生が話したことで印象に残っていること

> 例 今でも覚えている先生の言葉は？その言葉であなたはどんな影響を受けましたか？

# Day 42 수다거리 만들기

서로 이야기하면서 아래 문형표현에 맞게 문장을 만들어보자.

❋ ～ものだ ＝ 以前は～だった（けど、今はちがう）

[명사]～だった ／ [い형용사]～かった
[な형용사]～だった ／ [동사]～た

**맛보기** 胃を壊す前は、眠気覚ましに一日何杯もコーヒーを飲んだものだ。

1. 私が子どもの頃、この町は（　　　　　　）ものだ。

2. 昔、この国は（　　　　　　）ものだ。

3. 以前の彼は（　　　　　　）ものだ。

4. 私は、小さい頃、（　　　　　　）ものだ。

5. （　　　　　　）はよかったものだ。

6. （　　　　　　）は、（　　　　　　）ものだ。

예습이나 수업 중에 나온 단어를 적어보고, 다시 한번 복습해 보자.

| 韓国語 | 日本語 | 韓国語 | 日本語 | 韓国語 | 日本語 |
|--------|--------|--------|--------|--------|--------|
|        |        |        |        |        |        |
|        |        |        |        |        |        |
|        |        |        |        |        |        |
|        |        |        |        |        |        |
|        |        |        |        |        |        |
|        |        |        |        |        |        |
|        |        |        |        |        |        |
|        |        |        |        |        |        |
|        |        |        |        |        |        |
|        |        |        |        |        |        |

## 43課

우리들 만의 수다방

수업에 들어가기 전에 하는 예습으로 자신의 아이디어를 일본어로 써보자. 다음 주제로 다양한 질문을 생각해서 이야기해 보자.

 〇〇には耐えられない。
例 あなたが我慢できないことは？子どもの頃、耐えられなくて止めたことは？

 私は〇〇から大きな影響を受けました。
例 子どもの頃、あなたは何から大きな影響を受けましたか？大人になってから、何に影響を受けましたか？

 化粧する男について
例 男が化粧することについて、どう思いますか？

 電車／バスの中での時間の過ごし方
例 電車／バスの中で何をして時間を過ごしますか？

 花のプレゼント、嬉しいVS要らない
例 花をプレゼントされたら嬉しいですか？誰かに花をプレゼントしたことがありますか？相手の反応は？

 私が普段心掛けていること。
例 あなたがいつもするように心掛けていることは？あなたがいつもしないように気をつけていることは？

## Day 43  수다거리 만들기

서로 이야기하면서 아래 문형표현에 맞게 문장을 만들어보자.

* あまりに(も) [ A ] すぎて、[ B ]

　= とてもAなのでBだ　　※B＝悪い結果

　A ＝ [명사] 直接接続 ／ [い형용사] 〜い
　　　 [な형용사] 〜な ／ [동사] 〜ます

**맛보기**　隣の家が**あまりにも**うるさ**すぎて**、耐えられない。

1. [　　　　　]は、あまりにも[　　　　　]すぎて、涙が出てしまった。

2. この会社は、あまりにも[　　　　　]すぎて、[　　　　　]。

3. あの人は、あまりにも[　　　　　]すぎて、[　　　　　]。

4. あの店は、あまりにも[　　　　　]すぎて、[　　　　　]。

5. [　　　　　]は、あまりにも[　　　　　]すぎて、[　　　　　]。

예습이나 수업 중에 나온 단어를 적어보고, 다시 한번 복습해 보자.

| 韓国語 | 日本語 | 韓国語 | 日本語 | 韓国語 | 日本語 |
|---|---|---|---|---|---|
| | | | | | |
| | | | | | |
| | | | | | |
| | | | | | |
| | | | | | |
| | | | | | |
| | | | | | |
| | | | | | |
| | | | | | |
| | | | | | |

# 44課

우리들만의 수다방 수업에 들어가기 전에 하는 예습으로 자신의 아이디어를 일본어로 써보자. 다음 주제로 다양한 질문을 생각해서 이야기해 보자.

### 学生にとって一番重要な科目
> **例** 学校で習う科目で大人になってから一番役に立つと思う科目は？学生時代、一生懸命勉強した科目は？

### 言い訳について
> **例** あなたが今までにしてしまった言い訳は？もしすごく重要な約束に遅刻しちゃったら、どんな言い訳をすれば許してもらえると思いますか？

### 交通事故について
> **例** あなたは今までに交通事故に遭ったことがありますか？今までに目撃した交通事故は？

### ○○をするとリラックスできます。
> **例** ホッと一息つきたいとき、何をしますか？リラックスしたい時、どこに行きますか？

### 異性が羨ましいと思った経験
> **例** どんなとき、自分が男／女だったらいいのになぁと思いますか？あなたの国では、日常生活で男女にどんな差があると思いますか？

### 私の町の自慢できるところ
> **例** あなたの住んでいる町で自慢できることは何ですか？遠くから友達が来たら、どこに連れて行って何がしたいですか？

# Day 44 수다거리 만들기

> 서로 이야기하면서 아래 문형표현에 맞게 문장을 만들어보자.

❈ 〜はずだ ＝ 当然Aだと思う

[명사] 〜の・である ／ [い형용사] 〜い
[な형용사] 〜な・である ／ [동사] 보통형

**맛보기** あんなスピードで運転していたら、いつか事故を起こすはずだ。

**1** こんなに練習したんだから、[　　　　　]はずだ／はずがない。

**2** あの人は、昨日あんなに元気だったんだから、[　　　　　]はすだ／はずがない。

**3** 天気予報で[　　　　　]と言っているから、明日は[　　　　　]はずだ／はずがない。

**4** 毎日きちんと体調管理していれば、[　　　　　]はずだ／はずがない。

**5** ちゃんと確認したんだから、[　　　　　]はずだ／はずがない。

**6** [　　　　　]から、[　　　　　]はずだ／はずがない。

예습이나 수업 중에 나온 단어를 적어보고, 다시 한번 복습해 보자.

| 韓国語 | 日本語 | 韓国語 | 日本語 | 韓国語 | 日本語 |
|---|---|---|---|---|---|
|  |  |  |  |  |  |
|  |  |  |  |  |  |
|  |  |  |  |  |  |
|  |  |  |  |  |  |
|  |  |  |  |  |  |
|  |  |  |  |  |  |
|  |  |  |  |  |  |
|  |  |  |  |  |  |
|  |  |  |  |  |  |
|  |  |  |  |  |  |

# Day 45

**45課**

우리들만의 수다방

수업에 들어가기 전에 하는 예습으로 자신의 아이디어를 일본어로 써보자.
다음 주제로 다양한 질문을 생각해서 이야기해 보자.

### 幸(しあわ)せの条(じょう)件(けん)
> 例　何が多いと人生は幸せだと思いますか？あなたが考える幸せって？

### ○○を無(む)駄(だ)遣(づか)いしてしまいました。
> 例　あなたがしてしまった無駄遣いは？無駄遣いしないように気をつけていることは？

### おしゃべりな人VS無(む)口(くち)な人
> 例　友達にするならどちらがいいですか？恋(れん)愛(あい)相(あい)手(て)にするならどちらがいいですか？
> あなたはどちらのタイプですか？

### 恋(れん)愛(あい)の終(お)わりは、ふるVSふられる
> 例　ふるのとふられるのは、どちらがいいですか？どちらの経験の方が多いですか？相(あい)手(て)を
> 傷(きず)つけないようにふる方法は？

### 満(まん)員(いん)電(でん)車(しゃ)VS大(だい)渋(じゅう)滞(たい)
> 例　我(が)慢(まん)できるのはどちらですか？それぞれ、どんな悪い点がありますか？

### 告(こく)白(はく)してふられるVS告白しないで諦(あきら)める
> 例　叶(かな)わない恋(こい)なら、どちらを選びますか？言(い)われて嬉(うれ)しい告白の言葉は？

# Day 45 수다거리 만들기

서로 이야기하면서 아래 문형표현에 맞게 문장을 만들어보자.

❋ [동사た형] + らいかがですか = 〜するといいですよ

**맛보기** 今日は道が混みそうだから、電車で行ったらいかがですか。

1. 今の仕事が嫌なら、〔　　　　　〕たらいかがですか。

2. 最近太ったなら、〔　　　　　〕たらいかがですか。

3. 遊んでばかりいないで、〔　　　　　〕たらいかがですか。

4. 彼／彼女のことがそんなに好き／嫌いなら、〔　　　　　〕たらどうですか。

5. 〔　　　　　〕なら、〔　　　　　〕たらどうですか。

예습이나 수업 중에 나온 단어를 적어보고,
다시 한번 복습해 보자.

| 韓国語 | 日本語 | 韓国語 | 日本語 | 韓国語 | 日本語 |
|--------|--------|--------|--------|--------|--------|
|        |        |        |        |        |        |
|        |        |        |        |        |        |
|        |        |        |        |        |        |
|        |        |        |        |        |        |
|        |        |        |        |        |        |
|        |        |        |        |        |        |
|        |        |        |        |        |        |
|        |        |        |        |        |        |
|        |        |        |        |        |        |
|        |        |        |        |        |        |

# 어디가 틀린거지?

서로 이야기하면서 바른 일본어 또는 자연스러운 일본어로 고쳐보자.

1. 何年前に旅行で日本に行ったことがあります。

2. お久しぶりに小学校の時の先生に会いました。

3. 土曜日は友達の家で寝ました。

4. ご飯がまずくて失望しました。

5. 私の大学の先生は歳が多いです。

6. ゲームしながら遊ぼう。

7. この店に来ると毎日カレーを食べます。

8. 貸してくれたDVD、おもしろく見ました。

9. 強いチームが弱いチームを無視しています。

10. 私は大学校一年生です。

# Day 46

## 46課

> 우리들만의 수다방
> 
> 수업에 들어가기 전에 하는 예습으로 자신의 아이디어를 일본어로 써보자.
> 다음 주제로 다양한 질문을 생각해서 이야기해 보자.

 私は〇〇に弱いです。

> 例 あなたは何に弱いですか？以前は弱かったけど克服したことは？

 顔VS背

> 例 彼氏／彼女を選ぶとき、どちらが重要だと思いますか？

 〇〇に感動しました。

> 例 あなたが最近感動したことは？あなたが聞いて感動した言葉は？

 結婚前に同棲することについて

> 例 結婚する前に同棲することに、どんな良い点／悪い点があると思いますか？あなたは、結婚する前に、婚約者と同棲したいですか？

 こんなマナーが悪い人がいました。

> 例 あなたが街中で見たマナーが悪い人はどんな人ですか？あなたがしないように気をつけていることは？

 私のボランティア経験

> 例 あなたのボランティア経験は？してみたいと思うボランティアは？ボランティアは自分のためにしますか？相手のためにしますか？

# Day 46 수다거리 만들기

> 서로 이야기하면서 아래 문형표현에 맞게 문장을 만들어보자.

❈ [동사 보통형] + ことにする  =  〜することを自分で決心する

**맛보기** 恵まれない子どもたちのために、ボランティア活動をすることにしました。

1. 来年 ( ) ことにしました。

2. ダイエットのために、( ) ことにしました。

3. お金がないので ( ) ことにしました。

4. 将来の夢のために、( ) ことにしました。

5. 天気が良いので、( ) ことにしました。

6. ( ) ので、( ) ことにしました。

예습이나 수업 중에 나온 단어를 적어보고, 다시 한번 복습해 보자.

| 韓国語 | 日本語 | 韓国語 | 日本語 | 韓国語 | 日本語 |
|--------|--------|--------|--------|--------|--------|
|        |        |        |        |        |        |
|        |        |        |        |        |        |
|        |        |        |        |        |        |
|        |        |        |        |        |        |
|        |        |        |        |        |        |
|        |        |        |        |        |        |
|        |        |        |        |        |        |
|        |        |        |        |        |        |
|        |        |        |        |        |        |
|        |        |        |        |        |        |

| 47課 |

우리들만의 수다방

수업에 들어가기 전에 하는 예습으로 자신의 아이디어를 일본어로 써보자.
다음 주제로 다양한 질문을 생각해서 이야기해 보자.

 留学するなら○○に行きたい。

例　日本以外で留学したい国はどこですか？そこで何を勉強したいですか？

 ○○は良い／良くないという噂を聞きました。

例　噂で、良い／良くないと聞いたものは何ですか？あなたは他人の噂話が好きですか？

 運命、信じるVS信じない

例　運命を信じますか？信じませんか？あなたが「運命だ」と感じた経験は？

 私が受けたカルチャーショック

例　海外旅行に行ったときに、どんなカルチャーショックを受けましたか？ちがう世代の人と話していて受けたカルチャーショックは？

 私が目にした大自然

例　旅行しているときに実際に見た大自然は？インターネットや本などで見て、実際に行って見てみたいと思った大自然は？

 未知の世界、○○にチャレンジしたい。

例　あなたが新しくチャレンジしてみたいと思う分野は？

## Day 47 수다거리 만들기

> 서로 이야기하면서 아래 문형표현에 맞게 문장을 만들어보자.

✤ [동사 보통형] + ことになる = 〜することが決まる

**맛보기** 両親の勧めで留学することになりました。

1. 私たちは５年間交際して、［　　　　　　］ことになりました。

2. 今までの実績が認められて、［　　　　　　］ことになりました。

3. 子どもたちが大きくなったので、［　　　　　　］ことになりました。

4. 父の転勤が決まり、［　　　　　　］ことになりました。

5. ［　　　　　　］ので、［　　　　　　］ことになりました。

예습이나 수업 중에 나온 단어를 적어보고,
다시 한번 복습해 보자.

| 韓国語 | 日本語 | 韓国語 | 日本語 | 韓国語 | 日本語 |
|--------|--------|--------|--------|--------|--------|
|        |        |        |        |        |        |
|        |        |        |        |        |        |
|        |        |        |        |        |        |
|        |        |        |        |        |        |
|        |        |        |        |        |        |
|        |        |        |        |        |        |
|        |        |        |        |        |        |
|        |        |        |        |        |        |
|        |        |        |        |        |        |
|        |        |        |        |        |        |

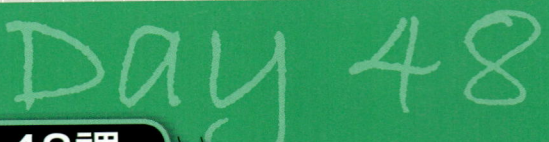

# 48課

우리들만의 수다방

수업에 들어가기 전에 하는 예습으로 자신의 아이디어를 일본어로 써보자. 다음 주제로 다양한 질문을 생각해서 이야기해 보자.

 動物に生まれ変わるなら〇〇になりたい。

> 例 もし動物に生まれ変わるなら何になりたいですか？生まれ変わりたくないと思う動物は？

 頭の中が真っ白になってしまった経験

> 例 びっくりして頭の中が真っ白になってしまった経験は？緊張して頭の中が真っ白になってしまった経験は？

 風邪について

> 例 風邪の引き始めだと感じたら、どうしますか？普段からしている風邪の予防策は？風邪を早く治すためにすることは？

 〇〇には、がっかりしました。

> 例 あなたが最近がっかりしたことは？あなたが誰かをがっかりさせてしまったことは？

 同窓会について

> 例 あなたの同窓会の思い出は？同窓会で昔の友達に久しぶりに会って驚いたことは？昔の友達に自慢したいことは？

 小さい子ども、好きVS嫌い

> 例 小さい子どもは好きですか？あなたの家族や親戚には小さい子どもがいますか？子どもたちと遊んであげる時、何をしますか？

# Day 48 수다거리 만들기

서로 이야기하면서 아래 문형표현에 맞게 문장을 만들어보자.

❄ [명사] + によって、[명사] + がちがう

**맛보기** 風邪の種類によって、飲む薬がちがう。

1. 国によって [　　　　] がちがう。

2. 人によって [　　　　] がちがう。

3. 会社によって [　　　　] がちがう。

4. 世代によって [　　　　] がちがう。

5. 家庭によって [　　　　] がちがう。

6. [　　　　] によって [　　　　] がちがう。

예습이나 수업 중에 나온 단어를 적어보고, 다시 한번 복습해 보자.

| 韓国語 | 日本語 | 韓国語 | 日本語 | 韓国語 | 日本語 |
|--------|--------|--------|--------|--------|--------|
|  |  |  |  |  |  |
|  |  |  |  |  |  |
|  |  |  |  |  |  |
|  |  |  |  |  |  |
|  |  |  |  |  |  |
|  |  |  |  |  |  |
|  |  |  |  |  |  |
|  |  |  |  |  |  |
|  |  |  |  |  |  |
|  |  |  |  |  |  |

# Day 49

## 49課

수업에 들어가기 전에 하는 예습으로 자신의 아이디어를 일본어로 써보자. 다음 주제로 다양한 질문을 생각해서 이야기해 보자.

 寝起きについて
> 例 あなたは寝起きが良い方ですか？悪い方ですか？朝、目を覚ますために、何をしますか？

 ラブレターについて
> 例 あなたがラブレターを書いた／もらった経験は？もらって嬉しいと思うのはどんなラブレターですか？

 大人と子どもの境界線
> 例 人間はいつから大人になると思いますか？あなたは自分が大人だと思いますか？子どもだと思いますか？

 自分がラッキーだと思った経験
> 例 自分がラッキーだと思った経験は？あなたは周りの人と比べてラッキーな人間だと思いますか？

 都会暮らしＶＳ田舎暮らし
> 例 都会と田舎、住みたいのはどちらですか？それぞれの良い点／悪い点は？老後はどちらに住む方が良いと思いますか？

 自分の性格、几帳面ＶＳずぼら
> 例 あなたは几帳面なタイプですか？ずぼらなタイプですか？どちらの性格の方が良いと思いますか？

## Day 49 수다거리 만들기

서로 이야기하면서 아래 문형표현에 맞게 문장을 만들어보자.

❋ [ A ] + 一方(で) [ B ]

= AとBを対比する表現

A = [명사] である ／ [い형용사] 〜い
　　[な형용사] である ／ [동사] 보통형

**맛보기** 都会は人が多くてうるさい一方、田舎は人が少なくて寂しい。

1. 夏は [　　　] 一方、冬は [　　　]。

2. 独身生活は [　　　] 一方、結婚生活は [　　　]。

3. 私は、昼は [　　　] 一方、冬は [　　　]。

4. 男は [　　　] 一方、女は [　　　]。

5. 大人は [　　　] 一方、子どもは [　　　]。

6. [　　　] 一方、[　　　]。

나만의 노트

예습이나 수업 중에 나온 단어를 적어보고, 다시 한번 복습해 보자.

| 韓国語 | 日本語 | 韓国語 | 日本語 | 韓国語 | 日本語 |
|---|---|---|---|---|---|
| | | | | | |
| | | | | | |
| | | | | | |
| | | | | | |
| | | | | | |
| | | | | | |
| | | | | | |
| | | | | | |
| | | | | | |

## 50課

우리들만의 수다방

수업에 들어가기 전에 하는 예습으로 자신의 아이디어를 일본어로 써보자.
다음 주제로 다양한 질문을 생각해서 이야기해 보자.

「さすが〇〇」と思った経験
　例　さすがだと思う人は誰ですか？あなたが最近感心したことは？

結婚式について
　例　印象に残っている結婚式は？どんな結婚式をしたいですか？どんな結婚式をしましたか？

負けず嫌いVS負けるが勝ち
　例　あなたはどちらの考え方ですか？あなたが「これだけは負けたくない」と思うことは何ですか？

冷や汗をかいてしまった経験
　例　あなたが今までに冷や汗をかいてしまった経験は？

〇〇はもう二度とやりたくない。
　例　あなたがもう二度とやりたくないと思うことは何ですか？

私の宝物
　例　あなたの宝物は何ですか？それがあなたにとって宝物だと言える理由は何ですか？

# Day 50 수다거리 만들기

서로 이야기하면서 아래 문형표현에 맞게 문장을 만들어보자.

## ❋ ～つもりだ　　※自分で決めた未来のこと

[동사] 사전형・ない형

**맛보기**　海外（かいがい）で結婚式（けっこんしき）を挙（あ）げるつもりだ。

**1**　今年／来年の夏は [　　　　　] つもりです。

**2**　定年退職（ていねんたいしょく）したら、[　　　　　] つもりです。

**3**　つぎ彼にあったら、[　　　　　] つもりです。

**4**　日本に行ったら、[　　　　　] つもりです。

**5**　[　　　　　] たら、[　　　　　] つもりです。

## 나만의 노트

예습이나 수업 중에 나온 단어를 적어보고,
다시 한번 복습해 보자.

| 韓国語 | 日本語 | 韓国語 | 日本語 | 韓国語 | 日本語 |
|---|---|---|---|---|---|
|  |  |  |  |  |  |
|  |  |  |  |  |  |
|  |  |  |  |  |  |
|  |  |  |  |  |  |
|  |  |  |  |  |  |
|  |  |  |  |  |  |
|  |  |  |  |  |  |
|  |  |  |  |  |  |
|  |  |  |  |  |  |
|  |  |  |  |  |  |

# 어디가 틀린거지?

서로 이야기하면서 바른 일본어 또는 자연스러운 일본어로 고쳐보자.

1. 何年生ですか？── 81年生です。

2. 韓国文化と日本文化では、どんなちがさがあると思いますか？

3. ケータイのアラームが鳴きました。

4. 風邪に引いてしまいました。

5. がんばって勉強したので、試験で点数がよく出ました。

6. ラーメン屋の前で人たちが並んでいます。

7. 免税店で名品を買いました。

8. 試験の日程を間違って知っていました。

9. 寿司を二人分注文しました。

10. 実力が不足して、合格できませんでした。

# Day 51

### 51課

> 우리들만의 수다방
> 수업에 들어가기 전에 하는 예습으로 자신의 아이디어를 일본어로 써보자.
> 다음 테마로 다양한 질문을 생각해서 이야기 해보자.

無料で○○をもらいました。
- 例 あなたが無料でもらったものは何ですか？なぜそれが無料でしたか？

話すＶＳ聞く
- 例 あなたは話し上手ですか？聞き上手ですか？どちらのタイプの方が人に人気があると思いますか？

旅行するなら、国内ＶＳ海外
- 例 国内旅行と海外旅行、どちらに行きたいですか？それぞれの良い点／悪い点は？

○○を借りたけど、まだ返していません。
- 例 知り合いに借りたけど、まだ返していない物はありますか？どうして今まで返せていないんですか？

私の記念日
- 例 あなただけの特別な記念日は？あなたは記念日を大切にする方ですか？

現在の自分ＶＳ過去の自分
- 例 １０年前／２０年前のあなたと今のあなたは、性格や趣味にどんなちがいがありますか？

# Day 51 수다거리 만들기

서로 이야기하면서 아래 문형표현에 맞게 문장을 만들어보자.

* [동사 사전형] + んじゃなかった

  = 〜しなければよかった　　　※後悔の気持ちを表す

**맛보기** 去年の記念日に高いプレゼントをあげる**んじゃなかった**。

1. 両親に対して [　　　　　] んじゃなかったと、後になって後悔した。

2. あんな嫌な人とは [　　　　　] んじゃなかったよ。

3. 学生時代 [　　　　　] んじゃなかったと、今になって後悔している。

4. 美味しいからといって、[　　　　　] んじゃなかった。

5. 安いからといって、[　　　　　] んじゃなかった。

6. [　　　　　] んじゃなかった。

나만의 노트

예습이나 수업 중에 나온 단어를 적어보고, 다시 한번 복습해 보자.

| 韓国語 | 日本語 | 韓国語 | 日本語 | 韓国語 | 日本語 |
|---|---|---|---|---|---|
| | | | | | |
| | | | | | |
| | | | | | |
| | | | | | |
| | | | | | |
| | | | | | |
| | | | | | |
| | | | | | |
| | | | | | |
| | | | | | |

# Day 52

## 52課

수업에 들어가기 전에 하는 예습으로 자신의 아이디어를 일본어로 써보자. 다음 주제로 다양한 질문을 생각해서 이야기해 보자.

- ○○を親に反対されたら。
  - 例　自分のしたい仕事を親に反対されたら？行きたい学校を親に反対されたら？結婚相手を親に反対されたら？

- こんな兄弟／姉妹がいればいいのに。
  - 例　あなたはどんな兄弟／姉妹が欲しかったですか？あなたにはどんな兄弟／姉妹がいますか？

- 仕事、楽しさVS給料の高さ
  - 例　仕事を選ぶとき、楽しさで選びますか？給料の高さで選びますか？今あなたがしている仕事は、どちらを重視して選びましたか？

- 自分の家VS友達の家
  - 例　招待するのと招待されるのは、どちらがいいですか？それぞれの良い点／悪い点は？友達を招待するなら、どんな準備をしますか？

- 魔法が使えたら○○がしたい。
  - 例　もし魔法が使えたら、何をしたいですか？もし魔法が使えたら、良いことがしたいですか？悪いことがしたいですか？

- ○○は絶対にしたくない。
  - 例　あなたが絶対にしたくないことは何ですか？それをしなきゃいけない状況になったら、どうしますか？

# Day 52 수다거리 만들기

> 서로 이야기하면서 아래 문형표현에 맞게 문장을 만들어보자.

❋ ~方がましだ　＝　両方ともよくないけど、どちらかというと~の方がいい

[명사] ~の ／ [동사] 보통형

**맛보기** 給料が高くてもつまらない仕事をさせられるなら、安い給料でも自分がやりたい仕事をした方がましだ。

1. あきらめるより、（　　　　　　）方がましだ。

2. （　　　　　　）なら、死んだ方がましだ。

3. （　　　　　　）なら、逃げた方がましだ。

4. 両方とも食べたくないけど、（　　　　　　）より、（　　　　　　）方がましだ。

5. あの人とデートするくらいなら、（　　　　　　）方がましだ。

6. （　　　　　　）より、（　　　　　　）方がましだ。

예습이나 수업 중에 나온 단어를 적어보고, 다시 한번 복습해 보자.

| 韓国語 | 日本語 | 韓国語 | 日本語 | 韓国語 | 日本語 |
|---|---|---|---|---|---|
|  |  |  |  |  |  |
|  |  |  |  |  |  |
|  |  |  |  |  |  |
|  |  |  |  |  |  |
|  |  |  |  |  |  |
|  |  |  |  |  |  |
|  |  |  |  |  |  |
|  |  |  |  |  |  |
|  |  |  |  |  |  |
|  |  |  |  |  |  |

# Day 53

## 53課

> 우리들만의 수다방
> 수업에 들어가기 전에 하는 예습으로 자신의 아이디어를 일본어로 써보자.
> 다음 주제로 다양한 질문을 생각해서 이야기해 보자.

多くの短い恋愛ＶＳ一度の長い恋愛

例 あなたはどちらの方がいいと思いますか？実際のあなたの恋愛経験はどちらのタイプですか？

海ＶＳ山

例 遊びに行くならどちらがいいですか？海の近くと山の近く、どちらに住みたいですか？

自分の性格、社交的ＶＳ人見知り

例 あなたはどちらのタイプですか？あなたは初めて会った人とどんな話をしますか？

宝くじについて

例 宝くじで億万長者になったらどうしますか？宝くじで大金持ちになるのは嫌だという人もいますが、なぜだと思いますか？

同性でこういう人は嫌いです。

例 同性で友達になりたくないのはどんなタイプの人ですか？異性に人気があり同性に嫌われる人はどんな人ですか？

小さい子どもの英語教育について

例 小さい子どもが英語を勉強することに賛成ですか？反対ですか？自分の子どもには何歳から英語を勉強させたいですか？

# Day 53  수다거리 만들기

서로 이야기하면서 아래 문형표현에 맞게 문장을 만들어보자.

❋ ～せいで　=　～が原因で　※悪い結果が起きる

[명사] ～の ／ [い형용사] ～い
[な형용사] ～な・である ／ [동사] 보통형

**맛보기** 宝くじで大金を手に入れたせいで、働く意欲がなくなってしまった。

1. ［　　　　　］せいで、［　　　　　］に行けなかった。

2. ［　　　　　］せいで、彼氏／彼女にふられてしまった。

3. ［　　　　　］せいで、遅刻しました。

4. 失敗を［　　　　　］せいにした。

5. ［　　　　　］せいで、試験の結果が悪かったんだと思います。

6. ［　　　　　］せいで、［　　　　　］。

나만의 노트

예습이나 수업 중에 나온 단어를 적어보고, 다시 한번 복습해 보자.

| 韓国語 | 日本語 | 韓国語 | 日本語 | 韓国語 | 日本語 |
|---|---|---|---|---|---|
|  |  |  |  |  |  |
|  |  |  |  |  |  |
|  |  |  |  |  |  |
|  |  |  |  |  |  |
|  |  |  |  |  |  |
|  |  |  |  |  |  |
|  |  |  |  |  |  |
|  |  |  |  |  |  |
|  |  |  |  |  |  |
|  |  |  |  |  |  |

# 54課

**우리들만의 수다방**

수업에 들어가기 전에 하는 예습으로 자신의 아이디어를 일본어로 써보자.
다음 주제로 다양한 질문을 생각해서 이야기해 보자.

 新婚旅行について

> 例 どこに行きたいですか／行きましたか？新婚旅行から帰ってすぐ離婚する夫婦も
> いるそうですが、どんな理由で離婚すると思いますか？

 服装について

> 例 好きな異性の服装は？服装に関していつも気をつけていることは？

 ○○歳の頃に戻りたい。

> 例 戻れるなら何歳のときに戻りたいですか？その歳に戻ったら、一番したいことは
> 何ですか？

 ついても良い嘘もある、Yes or No

> 例 ついても良い嘘もあると思いますか？あなたが仕方なくついてしまった嘘は？

 別れた彼氏／彼女とよりを戻す可能性、あるVSない

> 例 一度別れた彼氏／彼女とまた付き合う可能性はあると思いますか？

 自分がかわいそうだと思った経験

> 例 自分がかわいそうだと思うのはどんなときですか？

# Day 54　수다거리 만들기

> 서로 이야기하면서 아래 문형표현에 맞게 문장을 만들어보자.

❋ [동사 て형] + ばかりいる　=　いつも／ずっと〜している

**맛보기**　新婚旅行中にケンカしてばかりいて、帰ってすぐ離婚した。

1　日曜日は、〔　　　　　〕ばかりいて、時間を無駄にしてしまった。

2　彼は不真面目なので、会社にいる時も〔　　　　　〕ばかりいる。

3　いくら好きだといっても、〔　　　　　〕ばかりいてはいけない。

4　若い頃は、〔　　　　　〕ばかりいました。

5　インターネットで〔　　　　　〕ばかりいます。

6　〔　　　　　〕ばかりいます。

## 나만의 노트

예습이나 수업 중에 나온 단어를 적어보고, 다시 한번 복습해 보자.

| 韓国語 | 日本語 | 韓国語 | 日本語 | 韓国語 | 日本語 |
|--------|--------|--------|--------|--------|--------|
|        |        |        |        |        |        |
|        |        |        |        |        |        |
|        |        |        |        |        |        |
|        |        |        |        |        |        |
|        |        |        |        |        |        |
|        |        |        |        |        |        |
|        |        |        |        |        |        |
|        |        |        |        |        |        |
|        |        |        |        |        |        |
|        |        |        |        |        |        |

# Day 55

**55課**

수업에 들어가기 전에 하는 예습으로 자신의 아이디어를 일본어로 써보자.
다음 주제로 다양한 질문을 생각해서 이야기해 보자.

 今までに経験した偶然
> 例 今までにどんな偶然を経験しましたか？昔の友達に偶然街で会った経験は？

 「私ってすごい」と思った経験
> 例 我ながらがんばったと思うことは？自分自身を褒めてあげたいことは何ですか？

 年上ＶＳ年下
> 例 年上と年下、一緒にいて気が楽なのはどちらですか？年上と一緒にいる時と年下と一緒にいる時、それぞれ気を使うことは？

 すごく腹が立った経験
> 例 あなたは何に対して怒りましたか？すごく怒ったら、あなたはどうなりますか？

 我が家のルール
> 例 あなたの家族にはどんなルールがありますか？将来あなたが家族を持ったら、どんなルールを作りたいですか？

 離婚について
> 例 離婚する夫婦が増えていますが、なぜだと思いますか？離婚すると周囲にどんな影響があると思いますか？

# Day 55 수다거리 만들기

서로 이야기하면서 아래 문형표현에 맞게 문장을 만들어보자.

✲ [동사 사전형] + しかない = 残っている最後の手段は〜だ

**맛보기** 夫に浮気された。もう別れるしかない。

1. 明日が試験なのに、全然勉強していない。もう（　　　　　）しかない。

2. 彼女は何を言っても理解してくれない。もう（　　　　　）しかない。

3. 友達の大切なものを壊してしまった。もう（　　　　　）しかない。

4. このままでは遅刻してしまう。こうなったら、（　　　　　）しかない。

5. いろんなダイエットを試してみたが効果がない。もう（　　　　　）しかない。

6. （　　　　　）。（　　　　　）しかない。

나만의 노트

예습이나 수업 중에 나온 단어를 적어보고, 다시 한번 복습해 보자.

| 韓国語 | 日本語 | 韓国語 | 日本語 | 韓国語 | 日本語 |
|---|---|---|---|---|---|
| | | | | | |
| | | | | | |
| | | | | | |
| | | | | | |
| | | | | | |
| | | | | | |
| | | | | | |
| | | | | | |
| | | | | | |
| | | | | | |

# 어디가 틀린거지?

서로 이야기하면서 바른 일본어 또는 자연스러운 일본어로 고쳐보자.

1. うちは通禁があるから、遅くまで遊べません。

2. 日本人の友達を付き合いたいです。

3. 引越しするから、転学しなければいけません。

4. 月曜日から金曜日まで会社に通います。

5. 明日何時に会う？ ── 3時もいいし、4時もいいですよ。

6. 先週買った本は、全部はないけど、ほとんど読み終わりました。

7. また来週。 ── よい週末。

8. 水をやらなかったので、花が死にました。

9. 面接で自分の長点と短点を聞かれました。

10. 考えだけしても腹が立ちます。

# Day 56

## 56課

우리들만의 수다방

수업에 들어가기 전에 하는 예습으로 자신의 아이디어를 일본어로 써보자.
다음 테마로 다양한 질문을 생각해서 이야기 해보자.

 嫌いな食べ物、食べるＶＳ食べない

例　嫌いな食べ物は食べますか？食べませんか？自分の子どもの食べ物の好き嫌いが激しかったら、親としてどうしますか？

 道でお金を拾ったら、警察に届けるＶＳネコババする

例　お金を拾ったら、どうしますか？今までに拾ったことがある金額は？いくらまでならもらっても良いと思いますか？

 タイムマシンに乗って、未来へＶＳ過去へ

例　タイムマシンがあったら未来に行ってみたいですか？過去に行ってみたいですか？そこで何が見たいですか？

 好きな異性のしぐさ

例　異性のどんなしぐさに惹かれますか？異性にして欲しくない行動は？

 卒業式について

例　小学校・中学校・高校・大学で思い出に残っている卒業式は？あなたの国では卒業式に何をしますか？

 「自分は運が悪い」と思った経験

例　あなたの運が悪いと思った経験は？あなたの周りに、運が悪い人はいますか？

# Day 56 수다거리 만들기

> 서로 이야기하면서 아래 문형표현에 맞게 문장을 만들어보자.

※ ～ます＋ながら ＝ 同時に～する

**맛보기** たばこを吸いながら歩いていたら、警察に罰金を取られた。

1. [　　　　　]ながらご飯を食べていたら、行儀が悪いと注意された。

2. [　　　　　]ながら運転していたので、[　　　　　]。

3. [　　　　　]ながら勉強していたら、[　　　　　]。

4. 彼の特技は[　　　　　]ながら[　　　　　]することです。

5. 道を歩きながら[　　　　　]ていたら、[　　　　　]。

6. [　　　　　]ながら[　　　　　]。

예습이나 수업 중에 나온 단어를 적어보고,
다시 한번 복습해 보자.

| 韓国語 | 日本語 | 韓国語 | 日本語 | 韓国語 | 日本語 |
|---|---|---|---|---|---|
| | | | | | |
| | | | | | |
| | | | | | |
| | | | | | |
| | | | | | |
| | | | | | |
| | | | | | |
| | | | | | |
| | | | | | |
| | | | | | |

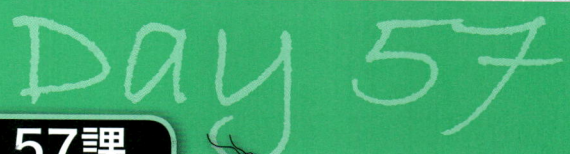

# 57課

> 수업에 들어가기 전에 하는 예습으로 자신의 아이디어를 일본어로 써보자.
> 다음 주제로 다양한 질문을 생각해서 이야기해 보자.

 修学旅行について

> 例 学生時代、修学旅行でどこに行きましたか？どんな思い出がありますか？

 友達とケンカしてしまった経験

> 例 ケンカしたら、自分から謝るタイプですか？謝られるのを待ちますか？仲直りした後は、どんな関係になりますか？

 プライド、持つことが大切VS捨てることが大切

> 例 あなたは何に関してプライドを持っていますか？プライドを捨てた方がいいと思うときはどんな時ですか？

 車について

> 例 どんな車に乗りたいですか？車の便利な点／不便な点は？車を運転する時に性格が変わる人がいますが、あなたはどうですか？

 嫌なこと、すぐ忘れるVS根に持つ

> 例 嫌なことはすぐに忘れられますか？それともいつまでも忘れられませんか？嫌なことを忘れるためにどんなことをしますか？

 子どもの頃大人に、早くなりたかったVSなりたくなかった

> 例 子どもの頃、早く大人になりたいと思っていましたか？どんな大人になりたいと思っていましたか？大人は大変そうだと感じたことは？

# Day 57 수다거리 만들기

> 서로 이야기하면서 아래 문형표현에 맞게 문장을 만들어보자.

❖ ～ます＋きる　＝　最後まで～し終わる

**맛보기**　あんなプライドの高い人とは、付き合いきれない。

1. この店は〔　　　　　〕すぎて、〔　　　　　〕きれない。

2. マラソン大会に参加したとき、〔　　　　　〕せいで、〔　　　　　〕きれなくて、すごく悔しい思いをした。

3. 秘密を〔　　　　　〕きれなくて、友達に〔　　　　　〕。

4. この小説は〔　　　　　〕すぎて、〔　　　　　〕きれない。

5. 〔　　　　　〕は、あきらめないで最後まで〔　　　　　〕きることが大切だ。

6. 〔　　　　　〕きりました。

## 나만의 노트

예습이나 수업 중에 나온 단어를 적어보고, 다시 한번 복습해 보자.

| 韓国語 | 日本語 | 韓国語 | 日本語 | 韓国語 | 日本語 |
|--------|--------|--------|--------|--------|--------|
|        |        |        |        |        |        |
|        |        |        |        |        |        |
|        |        |        |        |        |        |
|        |        |        |        |        |        |
|        |        |        |        |        |        |
|        |        |        |        |        |        |
|        |        |        |        |        |        |
|        |        |        |        |        |        |
|        |        |        |        |        |        |
|        |        |        |        |        |        |

# Day 58

우리들만의 수다방

수업에 들어가기 전에 하는 예습으로 자신의 아이디어를 일본어로 써보자. 다음 테마로 다양한 질문을 생각해서 이야기 해보자.

一目惚れＶＳ段々好きになる

例 人を好きになるとき、あなたはどちらのタイプですか？一目惚れしたら、その相手に対してどのように行動しますか？

流行について

例 あなたは流行に敏感なタイプですか？子どもの頃、流行したものは？

子育てについて

例 子育てで一番大切だと思うことは？あなたが子どもの頃、両親をどんなことで困らせましたか？子育てをして大変だったことは？

私の癖

例 あなたがついしてしまう行動は？自分の癖の中で直したいものは？

プレゼント、相手が欲しがるものＶＳ自分があげたいもの

例 プレゼントを選ぶとき、気にすることは？プレゼントをあげる前に、相手に何が欲しいか聞きますか？自分があげたいものをあげますか？

嫌いな人との関わり方

例 あなたは嫌いな人とでも話が出来ますか？嫌いな人に誘われたら、どうやって断りますか？

# Day 58 수다거리 만들기

> 서로 이야기하면서 아래 문형표현에 맞게 문장을 만들어보자.

## ❊ ～わけがない ＝ ～する可能性はない

[명사] ～の・である ／ [い형용사] ～い
[な형용사] ～な・である ／ [동사] 보통형

**맛보기** こんなプレゼントで彼女が満足するわけがない。

**1** 昨日はあんなに元気だったんだよ。[　　　　　]わけがない。

**2** 全然勉強していないんだから、[　　　　　]わけがない。

**3** 彼は[　　　　　]をすごく楽しみにしていたんだから、[　　　　　]わけがない。

**4** 彼女は昨日から旅行に行っているはずだよ。[　　　　　]わけがない。

**5** ちゃんと鍵をかけたんだから、[　　　　　]わけがない。

**6** [　　　　　]から、[　　　　　]わけがない。

## 나만의 노트

예습이나 수업 중에 나온 단어를 적어보고, 다시 한번 복습해 보자.

| 韓国語 | 日本語 | 韓国語 | 日本語 | 韓国語 | 日本語 |
|---|---|---|---|---|---|
| | | | | | |
| | | | | | |
| | | | | | |
| | | | | | |
| | | | | | |
| | | | | | |
| | | | | | |
| | | | | | |
| | | | | | |
| | | | | | |

## 59課

우리들만의 수다방 — 수업에 들어가기 전에 하는 예습으로 자신의 아이디어를 일본어로 써보자. 다음 주제로 다양한 질문을 생각해서 이야기해 보자.

 学生結婚について

> 例 ▶ 学生結婚に賛成ですか？反対ですか？あなたの周りで学生結婚したカップルはいますか？学生結婚の良い点／悪い点は？

 幽霊、信じるVS信じない

> 例 ▶ あなたは幽霊を見たことがありますか？幽霊の存在を信じますか？信じませんか？

 父VS母

> 例 ▶ 悩みを相談できるのはどちらですか？あなたが子どもの頃恐かったのはどちらですか？それぞれの好きなところ／嫌いなところは？

 他人には理解してもらえないこと

> 例 ▶ あなたの考え方／趣味などで、他人に理解してもらえないものは？逆に他人の考え方／趣味などであなたが理解できないものは？

 主夫について

> 例 ▶ 女性が外で働いて男性が家で家事や子育てをすることについてどう思いますか？あなたの周りに主夫はいますか？

 第一印象について

> 例 ▶ あなたは人にどんな第一印象を与えると言われますか？第一印象は悪かったけど、そのあと仲良くなった知り合いはいますか？第一印象を良くするためにはどうすればいいと思いますか？

# Day 59 수다거리 만들기

> 서로 이야기하면서 아래 문형표현에 맞게 문장을 만들어보자.

❋ まるで〜(か)のようだ ＝ 本当は〜じゃないけど〜のふりをする

[명사] 直接接続・〜である ／ [い형용사] 〜い
[な형용사] 〜な・である ／ [동사] 보통형

**맛보기** 彼はまるで自分が幽霊を見たかのように話している。

1. 彼はまるで ［　　　　　］ かのような口調で話す。

2. 彼女はまるで ［　　　　　］ かのように振舞う。

3. ２人の関係はまるで ［　　　　　］ かのようだ。

4. あの人はまるで ［　　　　　］ かのように食べる。

5. 嬉しくてたまらなくて、まるで子どものように ［　　　　　］。

6. ［　　　　　］は、まるで ［　　　　　］ かのように ［　　　　　］。

**나만의 노트**

예습이나 수업 중에 나온 단어를 적어보고, 다시 한번 복습해 보자.

| 韓国語 | 日本語 | 韓国語 | 日本語 | 韓国語 | 日本語 |
|---|---|---|---|---|---|
| | | | | | |
| | | | | | |
| | | | | | |
| | | | | | |
| | | | | | |
| | | | | | |
| | | | | | |
| | | | | | |
| | | | | | |
| | | | | | |

# Day 60

**60課**

우리들만의 수다방

수업에 들어가기 전에 하는 예습으로 자신의 아이디어를 일본어로 써보자.
다음 주제로 다양한 질문을 생각해서 이야기해 보자.

 男が女の鞄を持ってあげることについて
例 彼氏が鞄を持ってくれたら、うれしいですか？彼女の鞄を持ってあげたいと思いますか？

 老後について
例 老後、どこでどんな生活がしたいですか？老後のために今していることは？老後のために若いうちにしておいた方がいいと思うことは？

 頼られる先輩ＶＳ可愛がられる後輩
例 あなたはどちらのタイプですか？どちらのタイプになりたいですか？あなたの周りに頼れる先輩／可愛がられている後輩はいますか？

 休みの日の過ごし方について
例 休日は何をして過ごしますか？どんなことをして過ごすのが有意義だと思いますか？

 社内恋愛について
例 社内恋愛の良い点／悪い点は？もし社内恋愛していたら、周りの人に言いますか？秘密にしますか？

 捨てられずにとってある思い出の物
例 捨てられない思い出の物は？それを見ると、どんなことを思い出しますか？

# Day 60  수다거리 만들기

서로 이야기하면서 아래 문형표현에 맞게 문장을 만들어보자.

❋ （たとえ）[동사 의지형] ＋ と

　＝もし〜でも　　※まだ起きていないことを述べる

**맛보기**　たとえ歳をとろうと、チャレンジ精神を忘れてはいけない。

**1**　たとえ明日雨が降ろうと、〔　　　　　〕。

**2**　たとえ両親が反対しようと、〔　　　　　〕。

**3**　たとえ失敗しようと、〔　　　　　〕。

**4**　たとえ〔　　　　　〕と、私の気持ちは絶対に変わらない。

**5**　たとえ〔　　　　　〕と、あの人のことは許せない。

**6**　たとえ〔　　　　　〕と、〔　　　　　〕。

## 나만의 노트

예습이나 수업 중에 나온 단어를 적어보고, 다시 한번 복습해 보자.

| 韓国語 | 日本語 | 韓国語 | 日本語 | 韓国語 | 日本語 |
|--------|--------|--------|--------|--------|--------|
|        |        |        |        |        |        |
|        |        |        |        |        |        |
|        |        |        |        |        |        |
|        |        |        |        |        |        |
|        |        |        |        |        |        |
|        |        |        |        |        |        |
|        |        |        |        |        |        |
|        |        |        |        |        |        |
|        |        |        |        |        |        |
|        |        |        |        |        |        |

# 어디가 틀린거지?

서로 이야기하면서 바른 일본어 또는 자연스러운 일본어로 고쳐보자.

1. １０年ぶりに初恋(はつこい)に会いました。

2. 彼女は涙(なみだ)が多いです。

3. スポーツ得意(とくい)そうですね。―― え、そんなに見えますか？

4. このお酒(さけ)は果物(くだもの)の味(あじ)が出ます。

5. パソコンで動映像(どうえいぞう)を見ています。

6. 大学生ですか？じゃないと社会人(しゃかいじん)ですか？

7. 銀行(ぎんこう)で現金(げんきん)を探(さが)しました。

8. 駅(えき)に行き方(かた)が分かりません。

9. 彼はクラスで一番人気(にんき)が多(おお)いです。

10. 昨日(きのう)のサッカーの試合(しあい)は無勝負(むしょうぶ)でした。

# 어디가 틀린거지? -정답

## p.23

1. ちょっと寒いので、部屋の<u>ドア</u>を閉めてくれませんか？
2. ライバル<u>に</u>勝つために、毎日一生懸命練習してきました。
3. それとこれとは、<u>ある程度</u>は関係があると思います。
4. <u>土日</u>はテレビを<u>見てばかり</u>いました。
5. ご飯を食べている<u>最中</u>に、友達から電話がかかってきました。
6. 昨日、先生が<u>そう</u>言っていました。
7. あんなまずい店には、<u>二度</u>と行きたくないです。
8. 彼氏にケータイで<u>メール</u>を送りました。
9. カレーとラーメンとどっちがいい？── カレー<u>に</u>します。
10. あの人は、若く見えるけど、子ども<u>が二人</u>います。

## p.39

1. <u>日曜日</u>は妻と一緒に出掛けました。
2. 私、この本が気に<u>入りました</u>。
3. 暗いので、部屋の<u>電気</u>をつけました。
4. メール<u>アドレス</u>を教えてくれませんか？
5. 彼女は結婚してからずっと幸せに<u>暮らして</u>います。
6. <u>為替</u>が<u>円高</u>で、<u>留学</u>に行くのが<u>大変</u>です。
7. ガソリンが無くなってきたので、<u>ガソリンスタンド</u>に寄らなければいけません。
8. <u>努力</u>して、いつか夢を現実に<u>したい</u>です。

## p.55

9. 寒いので、暖かく<u>して</u>出掛けてくださいね。
10. お風呂から出たあと、<u>ドライヤー</u>で髪を乾かしました。

1. あの映画を見て、感動を<u>しました</u>。
2. <u>今度</u>日本に留学する予定です。
3. 私の学校は<u>制服</u>が無いので、<u>私服</u>で<u>登校</u>します。
4. あの２人が手をつないで、<u>道</u>を<u>歩いている</u>のを見ました。
5. 夏休みの<u>旅行</u>を<u>楽しみ</u>にしています。
6. <u>店</u>でパーカーを買いました。
7. そんなこと言ったら、<u>当然</u>あの人は怒りますよ。
8. あの<u>新人</u>は<u>仕事</u>の<u>飲み込み</u>が<u>早い</u>。
9. <u>最近</u>忙しいですか？── はい、ちょっと<u>忙しい</u>です。
10. もうご飯食べましたか？── いいえ、まだ<u>食べていません</u>。

## p.71

1. <u>仕事</u>でストレスを<u>受けました</u>。
2. 友達が<u>全員</u>帰りました。
3. お腹が空いていたので、２つ<u>とも</u>食べてしまいました。
4. <u>去年</u>旅行で<u>北海道</u>に行きました。
5. <u>新しい</u>アイディアを<u>思いつきました</u>。
6. <u>女同士</u>でお酒を飲みに行きました。

200

7. 習ったばかりの単語が思い出せません。
8. 犬を散歩させました。
9. かっこいい服ですね。
10. 申し訳ない気持ちになりました。

## p.87

1. このズボンは、日本に行ったときに、一万円で買いました。
2. 土曜日の夜は知り合いと会って食事をしました。
3. こんにちは。── こんにちは。
4. 車に気をつけて帰ってください。
5. 料理ができないので、家にいるときは、ラーメンしか食べません。
6. 紅しょうがって何ですか？
7. 明日の会議は大切だから、必ず出席しなくちゃいけないよ。
8. 母に駅まで車で迎えに来てと頼まれました。
9. はじめは寿司が食べられませんでした。
10. 今日はすごく暑いですね。

## p.103

1. 朝ごはんを食べなくて、お腹が空きました。
2. もし日本に行ったら、お土産を買ってきてください。
3. もしかして、英語が話せますか？
4. 先生、ありがとうございました。
5. 家はどこですか？
6. 今日は夜１０時までに帰らなければいけません。
7. ありがとうございました。── いえいえ、こちらこそありがとうございました。
8. 彼は高校生のとき、学級委員長でした。
9. 頭が痛いので、薬を飲みました。
10. 私はお金持ちでもないし、貧乏でもないです。

## p.119

1. 彼は浪人生なので、毎日朝から夜まで勉強しています。
2. どこかから変なにおいがします。
3. 泥棒に入られたので、警察に通報しました。
4. 学校から奨学金をもらいました。
5. 子どもが友達にいじめられました。
6. 犯人が警察につかまりました。
7. 無くした鍵をやっと見つけました。
8. 試験、よくできましたか？
9. 日本から友達が遊びに来ます。
10. 一人ではできないので、友達に手伝ってもらいました。

## p.135

1. 多くの人が中国語を勉強しています。
2. 小さい頃から勉強が得意でした。
3. 私の家は一戸建てです。
4. 単位が足りないと、大学を卒業できません。
5. この頃よく忘れ物をします。
6. 洋服のサイズが合いません。
7. 朝のラッシュの時間は電車が混雑します。
8. 彼女は今でも怒っています。
9. 彼の本当の気持ちが知りたいです。
10. 家に帰って、お風呂に入って寝ました。

## p.151

1. 何年か前に旅行で日本に行ったことがあります。
2. 久しぶりに小学校の時の先生に会いました。
3. 土曜日は友達の家に泊まりました。
4. ご飯がまずくてがっかりしました。
5. 私の大学の先生は歳をとっています。
6. ゲームして遊ぼう。
7. この店に来ると毎回カレーを食べます。
8. 貸してくれたＤＶＤ、おもしろかったです。
9. 強いチームが弱いチームを見下しています。
10. 私は大学一年生です。

## p.167

1. 何年生まれですか？―― ８１年生まれです。
2. 韓国文化と日本文化では、どんなちがいがあると思いますか？
3. ケータイのアラームが鳴りました。
4. 風邪を引いてしまいました。
5. がんばって勉強したので、試験の点数が良かったです。
6. ラーメン屋の前で人が並んでいます。
7. 免税店でブランド品を買いました。
8. 試験の日程を勘違いしていました。
9. 寿司を二人前注文しました。
10. 実力が足りなくて、合格できませんでした。

## p.183

1. うちは門限があるから、遅くまで遊べません。
2. 日本人の友達がほしいです。
3. 引越しするから、転校しなければいけません。
4. 月曜日から金曜日まで会社に行きます。
5. 明日何時に会う？―― ３時でもいいし、４時でもいいですよ。
6. 先週買った本は、全部ではないけど、ほとんど読み終わりました。
7. また来週。――――よい週末を。
8. 水をやらなかったので、花が枯れました。
9. 面接で自分の長所と短所を聞かれました。
10. 考えただけでも腹が立ちます。

## p.199

1. １０年ぶりに初恋の人に会いました。
2. 彼女は涙もろいです。
3. スポーツ得意そうですね。―― え、そう見えますか？
4. このお酒は果物の味がします。
5. パソコンで動画を見ています。
6. 大学生ですか？それとも社会人ですか？
7. 銀行で現金を下ろしました。
8. 駅の行き方が分かりません。
9. 彼はクラスで一番人気があります。
10. 昨日のサッカーの試合は引き分けでした。

# 이 책을 사용하시는 선생님들께

## 本書をお使いの先生方へ

本書を用いた授業の例を一つ掲載いたします。

本書を使ったフリートーキングの授業例
(時間＝1時間　学生数＝4名〜15名)

5分　「文型表現」の文法解説・例文紹介
　　　講師は学生のレベルに合わせて、必要以上に説明しすぎないようにします。
　　　例文も挙げすぎないように注意します。

10分　「文型表現」のペアーワーク
　　　2〜3人のグループになって、文を作ります。
　　　そのとき、文を作ること自体を目的とはせずに、作った文をもとにパートナーと短い会話(質問・コメント)を続けるように指示します。

5分　「文型表現」で作った文の発表
　　　そのとき、教師は基本的に会話には参加せず、学生が学生に質問するように進行します。
　　　たとえば、「〇〇さんはどうですか？」と講師が学生に直接質問するのではなく、「〇〇さん、質問を選んで、誰かに質問してください」と指示して進行します。

15分　「本日の話題」のペアートーク
　　　2〜3人のグループになって、会話をします。
　　　そのとき、学生たちは一つの話題に対して自分たちで様々な質問を考え、一問一答にならないようにします。
　　　本書には、話題の下に例としていくつかの質問を載せておきました。

20分　「本日の話題」での全体トーク

全体トークでは椅子などを移動させ輪を作ります。

このときも、教師は基本的に会話には参加せず、学生が学生に質問するように進行します。

たとえば、「○○さんはどうですか？」と講師が学生に直接質問するのではなく、「○○さん、質問を選んで、誰かに質問してください」と指示し、学生全員で質問やコメントができる環境を作ります。

5分　授業全体のフィードバック

一時間の授業で講師がメモした学生たちの間違えや新出単語をホワイトボードに書き、説明します。

学生たちの間違えはただ正しい文を教えるのではなく、文法的になぜ間違っているのかも、簡潔に説明しながら直します。

新出単語に関しては、辞書に載っている単語の意味の説明は極力省略し、復習で各自が調べるように指示します。講師は、辞書に載っていない単語や単語の持つニュアンスを中心に説明します。

※　学生数が２名～３名の場合はペアーワークとペアートークを省略し、
　　「本日の文法表現」を２０分、「本日の話題」を３５分で進行します。

Free Talking

# ペアートークの有用性について

学習者同士で会話するペアートークの有用性を学生にも理解してもらう必要があります。ペアートークには以下のような利点があります。

1. 講師が会話に参加しないことで、講師は学生の会話により耳を傾けることができ、学生の間違えをメモしたり記録をつけたりすることができます。
メモした間違えは、一日の授業の終わりのフィードバックの時間に紹介し、説明することができます。記録した間違えは学生別にタイプし、1ヶ月の最後の授業のときに、「あなたの日本語診断書」として個人別に配り、反省会に役立てたりすることができます。

2. 全体トークをする前に学生が自分の意見を整理することができます。
会話力不足でしゃべれないのか意見がなくてしゃべれないのか見分けがつかないことがあります。後者の状況を避けるために全体トークの前に意見を整理させることができます。「作文」を書く前の「下書き」と同じ役割があります。

3. 学生の発話量を増やすことができます。
同じくらいのレベルの学生同士で会話させることで、学生たちは間違えを怖がらずにリラックスして話すことができます。

4　学生同士の仲を深めることができます。

授業をリラックスした雰囲気で進行することができます。

ネームカードは講師のためではなく、学生同士が名前を覚えるために利用します。なので、講師が学生全員の名前を覚えても、学生たちはネームカードを使い続けます。

但し、学生同士が仲良くなりすぎで、話題が内輪話になってしまわないように講師は注意を払う必要があります。内輪話になると同じ単語ばかり使って会話してしまいがちになり高い学習効果も望めないし、新しい学生が会話に参加できなくなってしまうからです。

## ペアートークの注意点について

次のような状況にならないように講師は注意します。

1. 学生Ａがずっと質問し、学生Ｂがずっと答えている。
   (学生Ｂは自分が質問していないことに気づいていない。)

2. 一人一言の短い発言になってしまっていて、話題が展開させられていない。

3. 話題が脱線してしまっていて、テーマとは関係ない話になっている。
   (話題が脱線すると、学習者自身の得意なテーマになりがちで、いつも同じようなテーマになってしまい、高い学習効果が望めません。)

4. 学生Ａが学生Ｂに対して高圧的な口調であったり、必要以上に反論しすぎている。

5. 学生ＡＢＣ(３名)で話しているときに、学生ＡＢだけが会話し、学生Ｃが聞くだけになっている。

## 全体トークの進め方

1. 学生たちで輪を作ります。（私の場合は机を使わず椅子のみを使います。）

2. 学生が学生に質問するように進行します。

    質問を受けた学生に他の学生全員で質問やコメントをします。

    講師は基本的に会話に参加せず進行役に徹します。

    討論が盛り上がっている場合、講師は質問せず、コメントのみで参加します。

3. 一つの話題が一段落ついたら、質問を受けていた学生は他の学生に他の質問を回します。

4. チェーンのように次から次へと質問を回していきます。

    そのとき、あまり早く質問が回り過ぎないようにします。

    学生が誰も質問やコメントをしない時でも、講師は忍耐強く待ちます。

    たとえ静かな雰囲気でも、発言したいけど勇気がない学生やコメントを考えている学生がいるケースが多いからです。

Free Talking

## 全体トークの注意点

次のような状況にならないように講師は注意します。

1. 一人の学生が長くしゃべり続けている。

2. 話に参加できていない学生がいる。

3. 話題が脱線してしまっていて、テーマとは関係ない話になっている。

   (話題が脱線すると、学習者自身の得意なテーマになりがちで、高い学習効果が望めません。)

4. ある学生が高圧的な口調であったり、必要以上に反論しすぎている。

5. 他の学生の発言中に、下を見ていたり、ホワイトボードを見ていたり、何かメモを取っている学生がいる。

## 1対1の授業の注意点

次のような状況にならないように講師は注意します。

1. 講師が常に質問し、学生が常に答えるインタビュー形式の授業になっている。

   → 学生から講師に質問する機会も意識的に作ります。

2. 学生よりも講師の方が多くしゃべっている。

   → 講師は学生の発話を引き出すことを常に意識し、自分の話はあまり長くならないように注意します。

3. 学生が間違える度に講師がすぐ訂正している。

   → その場で訂正してしまうと、会話を遮ることになってしまうので、学生が気にならない程度にメモをとり、授業の最後にまとめて訂正（解説）します。

4. 学生が言葉につまっているとき、講師がすぐに手助けをしてしまっている。

   → 学生が単語を思い出そうとしていたり、頭の中で文章を組み立てていることが多いので、学生が何か言うまで待ちます。沈黙になってしまっても、学生が思考しているのであれば、問題はありません。

Free Talking

## 저자소개

타츠미 유사쿠 (龍見雄作)

전 시사일본어학원 프리토킹 · 초급회화 · EJU영어 본고사 전임 강사

## 주요 경력 및 저서

明治学院大学文学部英文学科卒業。
アメリカで日本語講師、日本で英語講師

**ペラペラ** 일본어 수다 프리토킹 **360** 초중급

| | |
|---|---|
| 초판 발행 | 2011년 1월 10일 |
| 1판 10쇄 | 2024년 7월 25일 |
| | |
| 저자 | 龍見雄作(たつみ ゆうさく) |
| 책임편집 | 조은형, 김성은, 오은정, 무라야마 토시오 |
| 펴낸이 | 엄태상 |
| 콘텐츠 제작 | 김선웅, 장형진 |
| 마케팅 | 이승욱, 왕성석, 노원준, 조성민, 이선민 |
| 경영기획 | 조성근, 최성훈, 김다미, 최수진, 오희연 |
| 물류 | 정종진, 윤덕현, 신승진, 구윤주 |
| | |
| 펴낸곳 | 시사일본어사(시사북스) |
| 주소 | 서울시 종로구 자하문로 300 시사빌딩 |
| 주문 및 교재 문의 | 1588-1582 |
| 팩스 | 0502-989-9592 |
| 홈페이지 | www.sisabooks.com |
| 이메일 | book_japanese@sisadream.com |
| 등록일자 | 1977년 12월 24일 |
| 등록번호 | 제 300-2014-92호 |

ISBN 978-89-402-0695-9 13730

* 이 책의 내용을 사전 허가 없이 전재하거나 복제할 경우 법적인 제재를 받게 됨을 알려 드립니다.
* 잘못된 책은 구입하신 서점에서 교환해 드립니다.
* 정가는 표지에 표시되어 있습니다.